edition schatten

José Ortega y Gasset

Die Entmenschlichung der Kunst

übersetzt aus dem Spanischen von
Guillermo Romero von Zeschau

mit einem Vorwort von
Astrid Wagner

PARRHESIA

Die Übersetzung wurde von *Acción Cultural Española, AC/E* gefördert.
Support for the translation of this book was provided by:

ISBN 978-3-98731-504-6
1. Auflage 2024
Übersetzung: Guillermo Romero von Zeschau
Lektorat: Katharina Wicht
Korrektorat: Zviad Gamsachurdia

Printed in Cieszyn, Poland
www.parrhesia-verlag.de

Die Übersetzung der vorliegenden Bandes basiert auf folgender Gesamtausgabe:

Obras completas. 12 Bände. Hrsg. v. Paulino Garagorri. Revista de Occidente en Alianza Editorial. Madrid 1946-1983.

Wenn nicht anders angegeben, stammen die Fußnoten vom Autor selbst.

Inhaltsverzeichnis

Vorwort von Astrid Wagner 13

Die Entmenschlichung der Kunst 27

Gedanken über den Roman 85

Die Kunst im Präsens und Präteritum 141

Vorwort

Die vielen Facetten von José Ortega y Gasset

Nach jahrelangem Studium von Ortegas Werk bemerkte Julian Marías einmal, die Schriften seines Lehrers seien wie die Spitzen eines Eisberges. Erst beim Untertauchen eröffne sich dem Blick die unter dem Wasserspiegel liegende Masse, auf welcher sie stehen. Er wies damit nicht nur darauf hin, dass jede Lektüre seiner Texte neue Facetten zum Vorschein bringt, sondern machte auch auf die Gefahr aufmerksam, diese zu missdeuten, wenn man sie einer oberflächlichen oder voreingenommenen Lesart unterziehe und nicht das Gesamtbild der so komplexen Figur Ortegas vor Augen habe.

José Ortega y Gasset war der wohl einflussreichste spanische Denker des 20. Jahrhunderts. Von 1910 bis 1936 hatte er an der Universität Complutense in Madrid den Lehrstuhl für Metaphysik inne. Er prägte eine ganze Generation spanischer Intellektueller und die Wirkung seines Werkes, insbesondere in der spanischsprachigen Welt, reicht bis in unsere Tage. Zu seinen Schülern zählen so zentrale Figuren wie María Zambrano, Xavier Zubiri, José Luis Aranguren oder José Gaos.

Der 1883 in Madrid geborene Autor wurde zu einer zentralen Figur des europäischen Denkens und zu einem einflussreichen Kulturkritiker. Sein Werk ist geprägt von tiefgreifenden Reflexionen über die soziale, politische und kulturelle Realität seiner Zeit und, damit einhergehend, von einer konstanten Sorge um die Situation Spaniens, die er in einer Reihe von Schriften treffend und kritisch analysiert und die seines Erachtens einer kulturellen, sozialen und politischen Erneuerung bedarf.[1] In den 20er- und 30er-Jahren war die spanische Gesellschaft von einem vierfachen Krisenszenario gezeichnet: politisch, wirtschaftlich, sozial und vor allem im Hinblick auf die Bildung. Die Analphabetismusrate lag bei über 40% und die Gesellschaft war von extremer Ungleichheit geprägt, mit einer riesigen Kluft zwischen Stadt- und Landbevölkerung. Letztere lebte in traditionellen dörflichen Strukturen, während in den Städten die industrielle Revolution und eine zunehmende Technisierung Platz griff. Ortegas Unzufriedenheit mit der Situation im eigenen Land und die Bereitschaft, seinen Teil zur Erneuerung und Europäisierung Spaniens beizutragen, sind ein wichtiger Hintergrund, um die verschiedenen Facetten seiner kulturellen, gesellschaftlichen und politischen Projekte zu verstehen.

Die Stationen seines Philosophiestudiums, insbesondere in Deutschland, hatten Ortega mit den aktuellen philosophischen Strömungen seiner Zeit vertraut gemacht. In Leipzig ermöglichte ihm das Studium bei Wilhelm Wundt eine Einführung in die experimentelle Psychologie. In Berlin vertiefte er bei Wilhelm Dilthey seine Kenntnisse der Hermeneutik. Und wenngleich er in Marburg und Freiburg bei den Neukantianern Hermann Cohen, Paul Natorp und Heinrich Rickert studierte, prägte ihn die dort gelehrte Phänomenologie Edmund Husserls und auch Martin Heideggers nachhaltig.

1 Schon 1921 hebt er in dem Text *España invertebrada* (wirbelloses Spanien) den Mangel an sozialem und politischem Zusammenhalt und die Vorherrschaft von partikularen Interessen gegenüber dem Allgemeinwohl hervor. Er verwendet die Metapher eines Körpers ohne Rückgrat, um die Desorganisation und das Fehlen eines gemeinsamen Projekts zu beschreiben, die er in der spanischen Gesellschaft wahrnimmt.

All diese Strömungen, besonders aber die Phänomenologie, haben deutliche Spuren im Werk Ortegas hinterlassen. Im Zentrum seines eigenen Ansatzes, den er selbst als *Ratiovitalismus* bezeichnet, steht das menschliche Leben als Grundwirklichkeit oder, in seinen eigenen Worten, als radikale Realität, womit es als Ausgangs- und Angelpunkt aller Wirklichkeitserfahrung ausgezeichnet wird. Aber dieser Ausgangspunkt ist nicht das Leben im Allgemeinen, sondern das eines jeden Einzelnen, wodurch die Perspektive eine besondere Bedeutung erlangt. Leben bedeutet für Ortega, sich immer schon in einer spezifischen Welt vorzufinden, in der eigenen Lebenswirklichkeit mit den dort vorhandenen Strukturen, Objekten, Projekten und Praktiken. Man kann Ortegas Philosophie als eine konstante Ausarbeitung des berühmt gewordenen Satzes »Yo soy yo y mi circunstancia [...]« (»Ich bin ich und meine Lebensumstände [...]«) auffassen, den er 1914 in seinem Buch *Meditationen über Don Quijote* formulierte.[2]

Das führt ihn zu einer fruchtbaren Verbindung rationaler und empirischer, idealistischer und realistischer, aber auch und vor allem phänomenologischer Komponenten in einer Lebensphilosophie. In dieser wird das auf den mentalen Bereich beschränkte klassische Konzept von Rationalität durch einen Begriff der *vitalen Vernunft* ersetzt, der sie mit dem menschlichen Leben und seinen biologischen, historischen und kulturellen Umständen verbindet. Die Vernunft, so Ortega in den *Meditationen über Don Quijote*, sei

2 José Ortega y Gasset: *Meditaciones del Quijote* [1914]. In: *Obras completas*. Band I. Madrid: Taurus 2004, S. 747-827, hier S. 757.

eine »Lebensfunktion [...], von der gleichen spontanen Art wie das Sehen oder das Fühlen«.[3]

Ortegas Analyse dieser lebenswichtigen Funktion macht die Rolle tiefsitzender kulturabhängiger Überzeugungen deutlich. Sie sind bereits am Werk, wenn wir über etwas nachdenken oder etwas lernen. Sie vermischen sich mit der Wirklichkeit, durchdringen, formen und gestalten sie und garantieren ihre Stabilität. Sie haben also eine fundamentale Bedeutung für unsere Erkenntnis und orientieren unser Verhalten. Ihre Hauptaufgabe ist jedoch die Aufrechterhaltung und Gestaltung des menschlichen Lebens. Um nachhaltige Reformen in der Gesellschaft zu bewirken, gilt es, diese grundlegenden Überzeugungen langsam zu modifizieren. Erst im Wechselspiel von neuen Ideen und traditionellen Überzeugungen, von *Ideas y Creencias*, so der Titel seines 1940 publizierten Textes, wird eine kulturelle Weiterentwicklung möglich, ein Gedanke, der als Hintergrund zum Verständnis der in diesem Band vorliegenden Texte wichtig ist.

Die Relevanz Ortegas auf sein philosophisches Werk zu begrenzen, würde bedeuten, zentrale Aspekte seiner Figur zu unterschlagen. Er war ein origineller und wegweisender Philosoph, aber er war auch viel mehr als das: Intellektueller, Journalist, Soziologe, Politiker, Pädagoge, Herausgeber und Unternehmer.

Sein soziologisches Interesse hat er in dem 1930 als Buch herausgegebenen und wohl bekanntesten Werk *Der Aufstand der Massen* (*La rebelión de las masas*) unter Beweis gestellt. Der Text analysiert das Phänomen der Massengesellschaft und des Massenmenschen und warnt vor den Gefahren der Mittelmäßigkeit, des Mitläufer-

3 Ebd., S. 784.

tums und des Konformismus in den modernen Gesellschaften. Auch hier finden wir eine Verbindung zu Ideen des Essays *Die Entmenschlichung der Kunst*. In beiden Texten wird die wichtige Rolle kultureller und intellektueller Minderheiten betont, welche unangepasste und kreative Erneuerungen der Gesellschaft in den Bereichen der Kunst, der Wissenschaft, der Technik und der Politik in Gang setzen können. Sie bleiben von der an die Massenkultur gewöhnten Bevölkerung notwendigerweise zunächst unverstanden, ein Gedanke, der im Kunstbereich deutlich an Adorno erinnert. Es ist wichtig zu sehen, dass diese Eliten bei Ortega, zumindest theoretisch, nicht an soziale Schichten geknüpft sind, wenngleich es faktisch angesichts des Bildungsniveaus der ärmeren Bevölkerung im Spanien der ersten Hälfte des 20. Jahrhunderts, von Ausnahmen abgesehen, wohl doch der Fall war.

Genau hier setzten die für Spanien so wichtigen Projekte des *Novecentismo* an, der auch unter dem Terminus *Generación de 1914* (1914er-Generation) bekannt ist, und dem Ortega gemeinsam mit anderen einflussreichen Intellektuellen seiner Zeit angehörte. Um die Vielfalt der Profile dieser Reformbewegung aufzuzeigen, seien hier exemplarisch einige Mitstreiter erwähnt: der Arzt und Wissenschaftler Gregorio Marañón, der Politiker und Präsident der Zweiten Republik Manuel Azaña, der exzentrische avantgardistische Schriftsteller Ramón Gómez de la Serna, aber auch Frauen wie die Pädagogin María de Maeztu oder Clara Campoamor, Anwältin, Schriftstellerin und eine der ersten weiblichen Abgeordneten im spanischen Parlament, die unter anderem für ihren Kampf zur Erlangung des Frauenwahlrechts bekannt wurde. Wir haben es hier mit einer potenten ästhetischen, politischen, kulturellen und pädagogischen Bewegung zu tun, die eine Reihe weitgreifender Bildungsprojekte in Gang setzte. Zentrale Einrichtungen in diesem Zusammenhang, neben den pädagogischen Missionen, den Volksuniversitäten, dem Theater *La Barraca* und anderen Projekten, sind die *Institución Libre Enseñanza* und später dann die *Residencia de Estudiantes*, die Intellektuellen, Schriftstellern und Künstlern ein Heim bot. Dabei ging es einerseits darum, im gesamten Land ein gewisses Bildungsniveau zu erreichen, und andererseits, den Gebildeten einen internationalen Horizont zu eröffnen, um so Eliten in unterschiedlichen Wissensbereichen zu fördern.

Um letzteres zu erreichen, war, so Ortegas Überzeugung, die Presse von entscheidender Bedeutung. Aus einer Journalistenfamilie stammend, sagte er von sich selbst, er sei quasi auf einer Druckmaschine zur Welt gekommen.[4] Die familiäre Berufung ließ ihn für den Rest seines Lebens nicht mehr los, wurde er ja sozusagen mit Druckerschwärze in den Adern geboren. Sein Vater, José Ortega Munilla, war Direktor der im 19. Jahrhundert führenden spanischen Zeitung *El Imparcial*, die der Familie seiner Frau Dolores Gasset gehörte und von deren Vater gegründet worden war. Von Kindheit an in die Welt der Presse, der Zeitschriften, der literarischen Versammlungen, der Akademien, der Universitäten und der Politik involviert, war Ortega schon sehr früh von der Notwendigkeit überzeugt, in den Medien präsent zu sein, um die Realität seines Landes zu verändern, es zu modernisieren oder,

4 *Nací sobre una rotativa* (Ich bin auf einer Druckmaschine geboren) ist auch der Titel einer gerade erschienenen Monographie, die insbesondere Ortegas journalistische Seite aufarbeitet. Vgl. Ignacio Blanco Alfonso: *Nací sobre una rotativa. Las empresas culturales de José Ortega y Gasset*. Madrid: Tecnos 2024.

wie man damals sagte, zu europäisieren. Und dazu mussten neue Medien gegründet werden, die den Modernisierungsimpuls mit originellen Ideen fördern würden.

Die Umsetzung dieses Plans erfolgte über eine Reihe von Stationen, zunächst mit den mehr oder weniger kurzlebigen Zeitschriften *Faro*, *Europa* und *España*, später dann mit dem persönlichen Experiment *El Espectador*, das nie zu einer wirklichen Zeitschrift avancierte, aber unter großem Einsatz Ortegas zwischen 1916 und 1934 in insgesamt 8 Bänden gedruckt wurde. Schließlich kam es, neben der Beteiligung an der Gründung des Verlages *Calpe* und seiner Fusion mit *Espasa* zur Umsetzung des Projektes der modernen und unabhängigen Zeitung *El Sol*, die ein reformistisches und demokratieförderndes Profil besaß.

Doch um den neuen Zeitgeist mit seinen Fortschritten in Technologie, Medizin und Kunst zu analysieren, das Publikum dafür zu sensibilisieren und Klarheit über die Vorgänge und Tendenzen in anderen europäischen Ländern zu gewinnen, bedurfte es einer Zeitschrift, in der Ortega, ohne ständig als Autor präsent zu sein, zeigen konnte, wohin die Welt sich entwickelte. Mit diesem Anspruch wurde 1923 die *Revista de Occidente* gegründet, die bis heute besteht. Der Name der Zeitschrift ist Programm. Es ging darum, jenseits politischer Auffassungen und Konflikte die wichtigen intellektuellen Vertreter des Abendlandes zu versammeln und Europa kulturell zusammenzuschweißen. Wirft man einen Blick auf die Liste der Autoren, so sieht man schnell die Tragweite des Projektes. Dort finden sich Namen wie Azorín, Scheler, Russell, Freud, Einstein, Weyl, Heisenberg, Louis de Broglie, Le Corbusier, Cocteau, García Lorca, Zweig, Valéry, Shaw, Woolf, Faulkner,

Mann, Kafka, Neruda, Conrad, Borges, Zubiri, Gaos, Zambrano und viele andere mehr.

All diese Projekte machen deutlich, inwieweit Ortega nicht nur selbst ein Meister des Wortes, ein hervorragender Essayist und stilsicherer Journalist war, sondern auch ein erfolgreicher Unternehmer im Kultur- und Medienbereich.

Eine weitere Facette Ortegas bleibt zu erwähnen, und zwar die des aktiven Politikers, die sich jedoch auf den konkreten Zeitraum der Zweiten Republik beschränkt, nach deren Proklamation im Jahre 1931 er zum Abgeordneten gewählt wurde und zusammen mit Gregorio Marañón und Ramón Pérez de Ayala die *Agrupación al Servicio de la República* gründete. 1936 verurteilte er gemeinsam mit anderen Intellektuellen den Militärputsch und erklärte seine Loyalität mit der demokratisch gewählten Regierung. Zu Beginn des Bürgerkriegs wählte er das Exil mit verschiedenen Stationen in Frankreich, Holland, Argentinien und Portugal. 1945 kehrte er nach Spanien zurück und lebte, abgesehen von einigen Auslandsreisen, insbesondere nach Deutschland, bis zu seinem Tod im Jahr 1955 in Madrid.

1925, vor fast einhundert Jahren, erschien in der *Revista de Occidente* eine Ausgabe mit drei Schriften Ortegas. In grünen Großbuchstaben auf beigem Grund stand auf dem kleinformatigen Buch *La deshumanización del arte* (Die Entmenschlichung der Kunst) und etwas kleiner, in schwarzer Tinte, *e Ideas sobre la novela* (und Gedanken über den Roman). Darunter in grüner Farbe die modernistische Skizze eines Bogenschützen, die der Zeitschrift eine Zeit lang als Logo diente. Erst der Blick auf das Inhaltsverzeichnis enthüllte, dass noch ein weiterer Text in dem Band enthalten war. Er trug den Titel *El arte en presente y en pretérito* (Die Kunst im Präsens und Präteritum) und war einer Ausstellung der *Sociedad de Artistas Ibéricos* (Gesellschaft iberischer Künstler) gewidmet, die sich zum Ziel gesetzt hatte, die spanische Kunst als Referenz der Avantgarde zu präsentieren. Der kleine Band wurde zu dem damals nicht unbeträchtlichen Preis von fünf Peseten verkauft. Heute finden wir nun in der vorliegenden Ausgabe alle drei Texte in deutscher Neuübersetzung wieder in einem Band vereint. Wenn einige Textabschnitte recht eigenständig wirken, so ist dies kein Zufall, sondern der Tatsache geschuldet, dass sie dem Publikum zuvor in Form kleiner Reflexionen in der Tageszeitung *El Sol* vorgestellt wurden.

Der enorme und schnelle Rezeptionserfolg insbesondere des ersten der drei Texte in Spanien und Teilen Europas war trotz der Bekanntheit Ortegas durchaus überraschend. Obgleich die Schrift teils heftige Diskussionen auslöste, wurde sie doch von vielen, entgegen der eigenen Intention Ortegas, als das wirkungsvollste Manifest der spanischen Avantgarde gefeiert.[5] Man mag diese Einschätzung nun teilen oder nicht, der Text ist zweifellos eine der wichtigsten Referenzen für jeden Historiker, der sich mit der europäischen Kunstszene im ersten Drittel des 20. Jahrhunderts befassen will.

Obgleich die Schwerpunkte der drei Texte auf unterschiedliche Kunstformen gelegt wurden, sind Ortegas Analysen doch den künstlerischen Ausdrucksformen im Allgemeinen gewidmet, und es ist durchaus sinnvoll, die drei Texte zusammen zu lesen, da

5 Vgl. Jorge Urrutia Gómez: »Vitalidad de La deshumanización del arte«. In: *Revista de Occidente*, 300 (2006), S. 5-22.

sie sich ergänzen. Erstaunlich ist, dass Ortega, im Gegensatz zu Jean Epsteins vier Jahre zuvor erschienenem Buch, das Kino als neue Kunstform völlig ausblendet.[6] Auch ist es wichtig festzuhalten, dass Ortegas etwas vages Konzept der ›neuen Kunst‹ mehr als nur die Avantgarde umgreift und, wie seine Verweise auf Debussy deutlich machen, Stile wie den Symbolismus miteinbezieht.

Seine Analysen zur Kunst sind eine Fortsetzung des umfangreicheren Projektes, unterschiedliche Dimensionen der Kultur – Wissenschaft, Technik, Kunst und Literatur – in ihrer Rolle als Motoren des gesellschaftlichen Wandels und als dessen Ausdrucksform kritisch zu beleuchten. In dieser Hinsicht haben die Schriften einen diagnostischen Charakter. Doch wie in der Medizin geht einer guten Diagnose eine Anamnese voraus, eine Beschreibung der Vorgeschichte und der vorliegenden Symptome. Im Fall der neuen Kunststile seiner Zeit, speziell der Avantgarde, ist das charakteristische Merkmal ihre Unpopularität, die deutliche Kluft zwischen der Kunst und dem breiten Publikum, das diese als unverständlich, verstörend oder gar irrelevant empfindet. Der Grund dafür liegt, so Ortegas zentrale These, in ihrer Entmenschlichung. Alle drei Aufsätze sind der Aufgabe gewidmet, dies anhand der spezifischen neuen Merkmale der verschiedenen Kunstformen zu erläutern. Was also bedeutet Entmenschlichung der Kunst?

Zunächst einen Bruch mit traditionellen Funktionsweisen der Kunst, aber auch mit führenden Ästhetiktheorien des 18. und 19. Jahrhunderts. Die neuen Kunststile appellieren nicht mehr an den Geschmack des Publikums, sondern an sein Verständnis. Doch

6 Vgl. Jean Epstein: *La poésie d'aujourd'hui, un nouvel état d'intelligence*. Paris: Éditions de la Sirène 1921.

ein solches Verstehen ist für den Großteil des Publikums nicht umsetzbar. Die neue Kunst fordert ein aktives und kreatives Rezipieren. Statt Einfühlung verlangt sie einen intellektuellen Zugang, eine Perspektive, in welcher die Aufmerksamkeit auf das Kunstwerk selbst verlagert wird und nicht auf ein dargestelltes Objekt oder Ereignis, das der Rezipient direkt mit seiner eigenen Lebenswirklichkeit in Verbindung setzen kann. Ortega beschreibt eine Kunst, die sich sowohl der übertriebenen Ernsthaftigkeit als auch der Sentimentalität verweigert. Schon Stile wie der Impressionismus konzentrierten sich nicht auf das wahrgenommene Objekt, sondern auf den Prozess und die Form der Wahrnehmung selbst. Doch die Avantgarde geht einen Schritt weiter, indem sie stilisiert und die Realität bewusst deformiert, um ihr den Wirklichkeitscharakter zu nehmen. Entsprechend geht es der avantgardistischen Kunst nicht um Darstellung und Repräsentation. Stattdessen verbleibt sie in der Andeutung, im Verschleiern oder indirekten Evozieren. Vom menschlichen Pathos befreit, verzichtet sie bewusst auf jede Transzendenz. Sie ist Kunst um ihrer selbst willen, eine Form des Spiels oder auch ein Experiment, das den vitalen kreativen Akt selbst ins Licht hebt. Und sie ist selbstbezüglich, aber auf eine humorvolle Art, stets bereit, sich selbst nicht zu ernst zu nehmen.

In all diesen Merkmalen finden wir Akte der Befreiung. Diese implizieren eine Distanzierung von ästhetischen Traditionen, aber auch von der Lebenswirklichkeit des breiten Publikums. Die Kunst wird somit elitär, eine Kunst für diejenigen, die willens und in der Lage sind, gewohnte Horizonte zu überschreiten und sich auf neue, kreativ geschaffene, imaginäre Wirklichkeiten einzulassen. Hier scheint die transformative Kraft der Kunst hervor, ihre

Fähigkeit, neue Perspektiven zu eröffnen und gegebene Normen zu hinterfragen.

Die neue Kunst seiner Zeit ist, Ortega zufolge, trotz ihres spielerischen Charakters, alles andere als ein Zufallsprodukt. Er versteht Kunstwerke nicht nur als ästhetische Objekte, sondern als Ausdrucksformen eines Zeitgeistes, in ständigem Dialog mit der gesellschaftlichen Wirklichkeit und in dynamischer Wechselwirkung mit der Kunst anderer Epochen.

Dies bringt uns zur abschließenden Frage der Aktualität seiner Reflexionen zur Kunst. Zahlreiche der von Ortega skizzierten Merkmale der ›neuen Kunst‹ sind durchaus in aktuellen Kunstformen und -stilen präsent. Man kann, denke ich, sagen, dass ein Teil der Gegenwartskunst noch in einer Traditionslinie mit der Avantgarde-Kunst steht, die Ortega vor Augen hatte. Aber was ist mit der digitalen Kunst unserer Zeit, die mit ihren typischen Merkmalen wie Interaktivität, Generativität, Multi- und Transmedialität, Immersivität, virtueller Realität und experimentellen Interfaces ein neues, junges und konsumfreudiges Publikum anspricht? Ich denke, dass der vorliegende Band in Verbindung mit Ortegas Schriften zur Technik auch zum Verständnis dieser Kunstformen als Ausdruck unserer digitalen Gesellschaft einiges beitragen kann. Zweifellos sind sie Ausdruck einer veränderten Lebensform und der Eröffnung neuer Horizonte.

»Unsere am tiefsten verwurzelten, unanfechtbaren Überzeugungen sind am verdächtigsten. Sie bilden unsere Grenzen, unsere Beschränkungen, unser Gefängnis. Das Leben ist klein, wenn es nicht mit ungeheurem Eifer versucht, seine Grenzen zu erweitern. Man lebt in dem Maße, in dem man sich danach sehnt, mehr zu leben. Jede Hartnäckigkeit, sich innerhalb des gewohnten Horizonts zu halten, bedeutet Schwäche, Dekadenz der Lebensenergien. Der Horizont ist eine biologische Linie, ein lebendiges Organ unseres Wesens; während wir die Fülle genießen, wandert der Horizont, dehnt sich aus, wogt elastisch fast im Rhythmus unseres Atems. Wenn der Horizont hingegen starr wird, bedeutet das, dass er sich versteift hat und wir ins Alter kommen.«[7]

Astrid Wagner

Astrid Wagner ist Wissenschaftlerin am Consejo Superior de Investigaciones Científicas (CSIC), *der größten staatlichen Forschungseinrichtung in Spanien. Sie hat zahlreiche Forschungsbeiträge zur Philosophie Ortegas veröffentlicht und gehört dem Beirat des* Centro de Estudios Orteguianos *sowie der* Revista de Estudios Orteguianos *an.*

7 Vorliegender Band, S. 52.

Die Entmenschlichung der Kunst

Non creda donna Berta e ser Martino…
Divina Commedia. — Paradiso XIII

Unpopularität der neuen Kunst

Unter die vielen genialen, wenn auch schlecht entwickelten Ideen des genialen Franzosen Guyau muss man seinen Versuch zählen, die Kunst aus soziologischer Sicht zu untersuchen. Man könnte leicht auf den Gedanken kommen, dass ein solches Thema unfruchtbar ist. Die Kunst im Hinblick auf ihre sozialen Wirkungen zu verstehen, ist in etwa so, als würde man den Gaul von hinten aufzäumen oder den Menschen anhand seines Schattens untersuchen. Die sozialen Wirkungen der Kunst sind auf den ersten Blick so äußerlich, so entfernt vom Wesen der Kunst, dass es schwer vorstellbar ist, wie man von ihnen ausgehend die Stile in ihrer Tiefe verstehen sollte. Guyau vermochte übrigens aus seinem genialen Versuch nicht das Beste zu machen. Sein kurzes Leben und sein abrupter Tod hinderten ihn daran, seine Impulse zu zügeln, von dem abzusehen, was offensichtlich und banal ist, und sich auf das Wesentliche und Hintergründige zu konzentrieren. Man kann sagen, dass von seinem Buch *Die Kunst als soziologisches Phänomen* nichts als der Titel existiert, alles Übrige muss noch geschrieben werden.

Die Fruchtbarkeit einer Soziologie der Kunst wurde mir auf unverhoffte Weise offenbar, als mir vor einigen Jahren die Idee kam, etwas über die neue Musikepoche zu schreiben, die mit Debussy beginnt.[8] Ich nahm mir vor, den Unterschied zwischen neuer und traditioneller Musik so klar wie möglich zu definieren. Das Problem war rein ästhetisch, und doch fand ich, dass der kür-

8 Anmerkung des Autors: Siehe *Musicalia* in *El Espectador*, Band III (Band II in den *Obras completas*).

zeste Weg zu ihm von einem soziologischen Phänomen ausging: der Unpopularität der neuen Musik.

Heute möchte ich allgemeiner sprechen und mich auf alle Künste beziehen, die in Europa noch eine gewisse Lebenskraft besitzen; also auch auf die neue Musik, die neue Malerei, die neue Poesie, das neue Theater. Es ist in der Tat erstaunlich und rätselhaft, welche kompakte Solidarität jede historische Epoche in all ihren Erscheinungsformen mit sich selbst bewahrt. Die gleiche Inspiration, der gleiche Lebensimpuls findet sich in den verschiedensten Künsten. Ohne sich dessen bewusst zu sein, strebt der junge Musiker danach, mit seinen Klängen genau die gleichen ästhetischen Werte zu verwirklichen wie der Maler, der Dichter und der Dramatiker, seine Zeitgenossen. Und diese Identität des künstlerischen Sinns musste notwendigerweise zu den gleichen soziologischen Folgen führen. Denn die Unpopularität der neuen Musik entspricht einer gleichartigen Unpopularität der anderen Musen. Die gesamte junge Kunst ist unpopulär, und zwar nicht im Einzelfall oder zufällig, sondern aufgrund einer wesentlichen gemeinsamen Bestimmung.

Nun wird man einwenden, dass jeder neugeborene Stil eine Phase der Quarantäne durchläuft, und wir werden uns an die Schlacht um *Hernani* und die anderen Kämpfe erinnern, die zur Zeit des Aufkommens der Romantik stattfanden. Die Unpopularität der neuen Kunst zeigt jedoch ein sehr anderes Gesicht. Es ist wichtig zu unterscheiden zwischen dem, was nicht populär ist, und dem, was unpopulär ist. Ein innovativer Stil braucht einige Zeit, um Popularität zu erlangen; er ist zunächst nicht populär, aber auch nicht unpopulär. Das oft angeführte Beispiel des romantischen Aufbruchs war als soziologisches Phänomen das genaue Gegenstück zu dem, was die Kunst heute bietet. Die Romantik begeisterte das »Volk« sehr schnell, denn der alten Kunst war es nie zugetan gewesen. Der Feind, mit dem die Romantik zu kämpfen hatte, war gerade eine ausgewählte Gruppe, die in den archaischen Formen des poetischen »ancien régime« steckengeblieben war. Die Werke der Romantik sind die ersten seit der Erfindung der Druckpresse, die in hohen Auflagen gedruckt werden. Die Romantik ist der populäre Stil schlechthin. Als Erstgeburt der Demokratie wurde sie von den Massen mit äußerster Begeisterung aufgenommen.

Die neue Kunst hingegen hat die Massen gegen sich und wird sie immer gegen sich haben. Sie ist ihrem Wesen nach unpopulär: Sie ist tatsächlich anti-populär. Jedes von ihr geschaffene Werk erzeugt automatisch eine merkwürdige soziologische Wirkung auf das Publikum. Sie teilt es in zwei Teile, einen minimalen, der aus einer geringen Anzahl Menschen besteht, die ihr gegenüber positiv eingestellt sind, und einen anderen, eine zahllose Mehrheit, die ihr feindselig gegenübersteht (lassen wir einmal die zweifelhafte Fauna der Snobs beiseite). Das Kunstwerk fungiert also als eine soziale Macht, die zwei antagonistische Gruppen schafft, die im formlosen Haufen der Menge zwei verschiedene Kasten von Menschen voneinander trennt und auswählt.

Was ist das Unterscheidungsmerkmal zwischen diesen beiden Kasten? Jedes Kunstwerk gibt Anlass zu Unterschieden; manche mögen es, andere nicht; manche mögen es weniger, andere mehr. Diese Dissoziation hat keinen organischen Charakter, sie folgt keinem Prinzip. Der Zufall unserer individuellen Natur rückt uns näher ans eine oder ans andere. Bei der neuen Kunst jedoch geschieht die Trennung auf einer tieferen Ebene als derjenigen des individuellen Geschmacks. Es handelt sich nicht darum, dass der Großteil des Publikums das neue Kunstwerk *nicht mag* und eine Minderheit schon. Was vorgeht, ist, dass die Mehrheit, die Masse, es *nicht versteht*. Die alten Zopfträger, die die Aufführung von *Hernani* besuchten, verstanden Victor Hugos Drama sehr gut, und gerade weil sie es verstanden, gefiel es ihnen nicht. Treu einer gewissen ästhetischen Sensibilität ergeben, waren sie von den neuen künstlerischen Werten, die ihnen die Romantik bot, abgestoßen.

Meines Erachtens ist es charakteristisch für die neue Kunst, »vom soziologischen Gesichtspunkt aus«, dass sie das Publikum in zwei Klassen von Menschen teilt: diejenigen, die sie verstehen, und diejenigen, die sie nicht verstehen. Dies heißt, dass die eine Klasse ein Verständnisorgan besitzt, das dem anderen abgeht, da es sich um zwei verschiedene Arten der menschlichen Spezies handelt. Die neue Kunst, so scheint es, ist nicht für alle, wie die romantische Kunst, sondern richtet sich durchaus an eine besonders begabte Minderheit. Daher die Irritation, die sie bei den Massen erregt. Wenn man einem Kunstwerk abgeneigt ist, es aber verstanden hat, fühlt man sich ihm überlegen, und es gibt keinen Raum für Irritationen. Wenn aber die Abneigung gegen ein Kunstwerk aus der Tatsache resultiert, dass er es nicht verstanden hat, fühlt sich der Mensch wie erniedrigt, mit dem dunklen Bewusstsein der eigenen Minderwertigkeit, die er durch empörte Selbstbehauptung gegenüber dem Werk kompensieren muss. Die junge Kunst zwingt allein dadurch, dass sie sich präsentiert, den braven Bourgeois, sich als das zu fühlen, was er ist: ein braver Bourgeois, ein Wesen, das unfähig für künstlerische Sakramente, blind und taub für jede reine Schönheit ist. Das kann jedoch nicht ungestraft bleiben, nach hundert Jahren allumfassender Lobpreisung der Massen und Apotheose des »Volkes«. Gewohnt, in allem zu herrschen, fühlen sich die Massen durch die neue Kunst, die eine Kunst der Privilegien, des edlen Naturells, der instinktiven Aristokratie ist, in ihren »Menschenrechten« gekränkt. Wo immer die jungen Musen auftauchen, weist die Masse sie ab.

Anderthalb Jahrhunderte lang hat das »Volk«, die Masse, so getan, als sei es die ganze Gesellschaft. Strawinskys Musik oder Pirandellos Drama eignet eine soziologische Wirksamkeit, die es zwingt, sich selbst als das zu erkennen, was es ist, nämlich als »nur das Volk«, ein bloßer Bestandteil der soziologischen Struktur, eine träge Materie des historischen Prozesses, ein sekundärer Faktor im geistigen Kosmos. Andererseits hilft die junge Kunst auch den »Besten«, sich selbst im Grau der Masse zu erkennen und ihre Aufgabe wahrzunehmen, die darin besteht, wenige zu sein und gegen die vielen zu kämpfen.

Die Zeit naht, in der die Gesellschaft, von der Politik bis zur Kunst, wieder so organisiert sein wird, wie es sich gehört, nämlich in zwei Ständen oder Rängen: die der herausragenden Menschen und die der vulgären Menschen. Das ganze Unbehagen Europas wird in diese neue und rettende Spaltung einfließen und von ihr geheilt werden. Die undifferenzierte, chaotische, formlose Einheit ohne anatomische Architektur, ohne regelnde Disziplin, in der wir seit hundertfünfzig Jahren leben, kann nicht weiter bestehen. Unter dem gesamten heutigen Leben pocht eine tiefe und irritierende Ungerechtigkeit: die falsche Annahme einer wirklichen Gleichheit zwischen den Menschen. Jeder Schritt, den wir unter ihnen machen, zeigt uns so offensichtlich das genaue Gegenteil, dass er ein schmerzhaftes Stolpern ist.

Wenn die Frage in der Ebene der Politik zur Sprache kommt, erregen sich die Gemüter derart, dass es vielleicht noch nicht der richtige Zeitpunkt ist, sich verständlich zu machen. Glücklicherweise ermöglicht es die Solidarität des historischen Geistes, auf die ich bereits anspielte, in der Keimkunst unserer Epoche dieselben Symptome und Ankündigungen moralischer Reformen klar und unbeschwert hervorzuheben, die in der Politik von den niederen Leidenschaften verdeckt werden.

Der Evangelist sagte: *Nolite fieri sicut equus et mulus quibus non est intellectus*. Seid nicht wie das Pferd und das Maultier, die keinen Verstand haben. Die Masse schlägt aus und versteht nicht. Versuchen wir, das Gegenteil zu tun. Lasst uns der jungen Kunst ihr wesentliches Prinzip entlocken und dann werden wir sehen, in welchem tiefen Sinne sie volksfremd[9] ist.

Künstlerische Kunst

Ist die neue Kunst nicht für alle Menschen verständlich, bedeutet dies, dass ihre Triebfeder nicht generisch menschlich ist. Es handelt sich nicht um eine Kunst für Menschen im Allgemeinen, sondern für eine ganz bestimmte Sorte von Menschen, die vielleicht nicht mehr wert als andere, aber offensichtlich anders sind.

Zunächst einmal muss eine Sache geklärt werden. Was bezeichnen die meisten Menschen als ästhetischen Genuss? Was geschieht in ihren Köpfen, wenn sie ein Kunstwerk »mögen«, zum Beispiel

9 Anmerkung des Übersetzers: Im Original *impopular* – im Deutschen *unpopulär*, *unbeliebt*, aber auch *volksfremd*, nicht *volkstümlich*. Die Übersetzung wurde jeweils dem Kontext angepasst.

eine Theateraufführung? Die Antwort ist eindeutig: Die Menschen mögen ein Drama, wenn es ihm gelungen ist, sich für die menschlichen Schicksale zu interessieren, die ihnen vorgesetzt werden. Die Liebe, der Hass, der Kummer und die Freude der Figuren berühren ihr Herz: Die Menschen nehmen daran teil, als handelte es sich um wirkliche Angelegenheiten des Lebens. Und sie sagen, dass ein Stück dann »gut« ist, wenn es das nötige Maß an Illusion erzeugt, um die imaginären Figuren als lebende Personen gelten zu lassen. In der Lyrik werden sie nach den Liebes- und Leidensgeschichten des Menschen suchen, der unter dem Dichter pulsiert. In der Malkunst werden sie sich nur zu Bildern hingezogen fühlen, in denen sie Figuren von Männern und Frauen finden, mit denen es in gewisser Weise interessant wäre zu leben. Ein Landschaftsgemälde wird ihnen »schön« erscheinen, wenn die reale dargestellte Landschaft wegen ihrer Annehmlichkeit oder ihres Pathos einen Ausflug verdient.

Das bedeutet, dass der ästhetische Genuss für die Mehrzahl der Menschen eine geistige Haltung ist, die sich in ihrem Wesen nicht von der unterscheidet, die sie im Alltagsleben einnehmen. Sie unterscheidet sich von dieser nur in nebensächlichen Merkmalen: Sie ist vielleicht weniger utilitaristisch, dichter und ohne schmerzhafte Folgen. Aber letztendlich ist der Gegenstand, mit dem sie sich in der Kunst beschäftigt – der ihrer Aufmerksamkeit und damit den anderen Kräften als Ziel dient – derselbe wie im Alltagsleben: menschliche Figuren und menschliche Leidenschaften. Und Kunst bezeichnet sie als die Gesamtheit der Mittel, durch die sie diesen Kontakt mit interessanten menschlichen Dingen erhält. Folglich toleriert sie künstlerische Formen, Unwirklichkeiten und Fantasie nur insoweit, als diese ihre Wahrnehmung der menschlichen Formen und Wendungen nicht beeinträchtigen. Sobald diese rein ästhetischen Elemente überwiegen und die Geschichte von Juan und Maria nicht mehr fassbar ist, ist das Publikum verwirrt und weiß nicht, was es vor der Bühne, mit dem Buch oder dem Gemälde tun soll. Das ist nur logisch; es kennt keine andere Haltung zu den Werken als die praktische, die uns dazu bringt, uns für sie zu begeistern und gefühlsmäßig in sie einzugreifen. Ein Werk, das es nicht zu diesem Eingriff einlädt, läßt es ohne Rolle.

In diesem Punkt müssen wir uns vollkommen im Klaren sein. Sich über die menschlichen Schicksale zu freuen oder an ihnen zu leiden, auf die sich das Kunstwerk beziehen oder die es uns vor Augen führen kann, ist etwas ganz anderes als der wahre Kunstgenuss. Mehr noch: Diese Beschäftigung mit dem menschlichen Aspekt des Werkes ist grundsätzlich unvereinbar mit dem ästhetischen Genuss im engeren Sinne des Wortes.

Es handelt sich dabei um eine sehr einfache Frage der Optik. Um einen Gegenstand sehen zu können, müssen wir unseren Sehapparat auf eine bestimmte Weise einstellen. Wenn unsere visuelle Einstellung unzureichend ist, sehen wir den Gegenstand nicht oder nur schlecht. Stellen Sie sich vor, wir schauen durch eine Fensterscheibe in einen Garten. Unsere Augen werden so eingestellt sein, dass der Sehstrahl das Glas durchdringt, ohne bei ihm Halt zu machen, und die Blumen und Blätter erfasst. Da das Ziel des Blicks der Garten und der Sehstrahl auf ihn gerichtet ist, sehen wir das Glas nicht, unser Blick geht hindurch, ohne es wahrzunehmen. Je reiner das Glas ist, desto weniger sehen wir es. Wenn wir uns aber anstrengen, können wir den Garten außer Acht lassen, den Sehstrahl zurückziehen und auf das Glas fixieren. Dann verschwindet der Garten vor unseren Augen und wir sehen nichts als wirre Farbkleckse, die am Glas zu kleben scheinen. Das Sehen des Gartens und das Sehen der Fensterscheibe sind also zwei unvereinbare Vorgänge: das eine schließt das andere aus und erfordert eine andere Einstellung der Augen.

Gleichermaßen wird derjenige das Kunstwerk nicht sehen, der sich von den Schicksalen von Juan und Maria oder Tristan und Isolde in einem Kunstwerk bewegen lassen möchte und seine geistige Wahrnehmung darauf einstellt. Tristans Unglück ist bloß nur ein derartiges Unglück und kann daher nur in dem Maße bewegend sein, in dem es als Wirklichkeit genommen wird. Es ist aber so, dass der Gegenstand der Kunst nur insoweit künstlerisch ist, als er nicht real ist. Um Tizians Reiterbildnis von Karl V. genießen zu können, ist es eine unausweichliche Bedingung, dass wir Karl V. nicht in Person, authentisch und lebendig, sehen, sondern nur ein Porträt, ein unwirkliches Bild, eine Fiktion. Der Porträtierte und sein Porträt sind zwei völlig verschiedene Gegenstände; entweder interessieren wir uns für das eine oder für das andere. Im ersten Fall »erleben« wir Karl V., im zweiten Fall »betrachten« wir ein künstlerisches Objekt als solches.

Die meisten Menschen sind unfähig, ihre Aufmerksamkeit auf das gläserne und transparente Kunstwerk zu richten. Sie gehen hindurch, ohne es zu bemerken, und schwelgen leidenschaftlich in der menschlichen Wirklichkeit, auf die das Werk anspielt. Wenn man sie auffordert, ihre Beute loszulassen und die Aufmerksamkeit auf das Kunstwerk selbst zu richten, werden sie sagen, dass sie nichts darin sehen, weil sie in der Tat keine menschlichen Angelegenheiten darin sehen, sondern nur künstlerische Transparenzen, nur reine Virtualitäten.

Im 19. Jahrhundert agierten die Künstler zu pietätlos. Sie reduzierten die streng ästhetischen Elemente auf ein Minimum und ließen das Werk fast ausschließlich aus der Fiktion menschlicher Realitäten bestehen. In diesem Sinne muss man sagen, dass die gesamte gewöhnliche Kunst des letzten Jahrhunderts auf die eine oder andere Weise realistisch war. Realisten waren Beethoven und Wagner, Chateaubriand und Zola. Romantik und Naturalismus nähern sich aus heutiger Sicht einander an und legen ihre gemeinsamen realistischen Wurzeln offen.

Erzeugnisse dieser Art sind nur teilweise Kunstwerke, sie sind vielmehr künstlerische Objekte. Um sie zu genießen, braucht man nicht die Fähigkeit, sich auf das Virtuelle und Transparente einzustellen, die die künstlerische Sensibilität ausmacht. Es genügt, eine menschliche Sensibilität zu besitzen und sich von den Ängsten und Freuden der anderen berühren zu lassen. Es ist also verständlich, dass die Kunst des 19. Jahrhunderts so populär war; sie wurde für die differenzierten Massen gefertigt, insofern sie nicht Kunst, sondern ein Ausschnitt des Lebens sei. Es sei daran erinnert, dass in allen Epochen, in denen es zwei verschiedene Arten von Kunst gab, die eine für die Minderheit und die andere für die Mehrheit[10], die letztere immer realistisch war.

Wir wollen jetzt nicht darüber diskutieren, ob eine reine Kunst möglich ist. Vielleicht ist sie es nicht; aber die Gründe, die uns zu dieser Verneinung führen, sind ziemlich umfangreich und kompliziert. Es ist daher besser, das Thema unangetastet zu lassen. Außer-

10 Zum Beispiel im Mittelalter. Entsprechend der binären Struktur der Gesellschaft, die in zwei Schichten unterteilt war — den Adel und das Volk —, gab es eine adlige Kunst, die »konventionell«, »idealistisch«, das heißt künstlerisch war, und eine populäre Kunst, die realistisch und satirisch war.

dem ist es für das, worüber wir hier sprechen, nicht von Bedeutung. Selbst wenn eine reine Kunst unmöglich ist, besteht kein Zweifel, dass es eine Tendenz zur Reinigung der Kunst gibt. Diese Tendenz wird zu einer fortschreitenden Beseitigung der menschlichen, allzu menschlichen Elemente führen, die in der romantischen und naturalistischen Produktion vorherrschten. In diesem Prozess wird es zu dem Punkt kommen, an dem der menschliche Inhalt des Werks so gering sein wird, dass er fast unsichtbar ist. Dann werden wir einen Gegenstand haben, der nur von denjenigen wahrgenommen werden kann, die diese besondere Gabe der künstlerischen Sensibilität besitzen. Es wird eine Kunst für Künstler sein und nicht für die Masse der Menschen; es wird eine Kastenkunst sein und keine demotische.

Aus diesem Grund teilt die neue Kunst das Publikum in zwei Klassen von Individuen: diejenigen, die sie verstehen, und diejenigen, die sie nicht verstehen; das heißt, die Künstler und die Nicht-Künstler. Die neue Kunst ist eine künstlerische Kunst.

Ich habe nicht die Absicht, diese neue Art der Kunst zu loben, geschweige denn, diejenige aus dem letzten Jahrhundert zu verunglimpfen. Ich beschränke mich darauf, sie zu klassifizieren, so wie ein Zoologe mit zwei antagonistischen Faunen verfährt. Die neue Kunst ist eine universelle Tatsache. In den letzten zwanzig Jahren wurden die wachsamsten jungen Menschen zweier aufeinander folgender Generationen — in Paris, Berlin, London, New York, Rom, Madrid — von der unausweichlichen Tatsache überrascht, dass die traditionelle Kunst sie nicht interessierte, sondern abstieß. Mit diesen jungen Leuten kann man nur zwei Dinge machen: entweder sie erschießen oder versuchen, sie zu verstehen. Ich habe mich für letzteres entschieden. Und ich habe schnell bemerkt, dass in ihnen ein neuer Sinn für Kunst aufkeimt, vollkommen klar, kohärent und rational. Keineswegs bloß eine Laune, ist ihr Gefühl das unvermeidliche und fruchtbare Ergebnis der gesamten bisherigen künstlerischen Entwicklung. Launenhaft, willkürlich und darum unfruchtbar wäre es, sich diesem neuen Stil zu widersetzen und sich hartnäckig auf Formen zu versteifen, die bereits archaisch, erschöpft und verfallen sind. In der Kunst wie in der Moral, hängt die Pflicht nicht von unserem Willen ab; man muss sich dem Gebot der Arbeit unterwerfen, das uns die Zeit auferlegt. Diese Fügsamkeit gegenüber dem Befehl der Zeit ist die einzige Chance, die das Individuum hat, um sein Ziel zu erreichen. Es kann sein, dass es dennoch nichts erreicht; sein Scheitern ist aber viel sicherer, wenn es darauf beharrt, eine weitere Wagner-Oper oder einen weiteren naturalistischen Roman zu schaffen.

In der Kunst ist die Wiederholung ungültig. Jeder Stil, der in der Geschichte auftaucht, kann eine gewisse Anzahl verschiedener Formen innerhalb eines Gattungstyps hervorbringen. Aber es kommt der Tag, an dem dieser wunderbare Steinbruch ausgebeutet ist. Das ist zum Beispiel mit dem romantisch-naturalistischen Roman und dem Theater geschehen. Es ist ein naiver Irrtum, zu glauben, dass die derzeitige Unfruchtbarkeit der beiden Gattungen auf das Fehlen persönlicher Talente zurückzuführen ist. Vielmehr sind die Kombinationsmöglichkeiten innerhalb dieser Gattungen aufgebraucht. Deshalb ist es als Glück zu betrachten, dass mit diesem Erschöpfen eine neue Sensibilität einhergeht, die in der Lage ist, neue, intakte Steinbrüche aufzudecken.

Wenn wir den neuen Stil analysieren, finden wir in ihm bestimmte Tendenzen, die eng miteinander verbunden sind. Er tendiert dazu, 1. die Kunst zu entmenschlichen, 2. lebendige Formen zu vermeiden, 3. das Kunstwerk zu nichts anderem als einem Kunstwerk zu machen, 4. die Kunst als Spiel und nichts anderes zu betrachten, 5. eine wesentliche Ironie zu besitzen, 6. jede Unechtheit zu vermeiden und daher zu einer gewissenhaften Verwirklichung. Schließlich ist 7. die Kunst nach Ansicht der jungen Künstler eine Sache ohne jegliche Transzendenz.

Skizzieren wir kurz jede dieser Facetten der neuen Kunst.

Einige Tropfen Phänomenologie

Ein berühmter Mann liegt im Sterben. Seine Frau ist an seinem Bett. Ein Arzt zählt den Herzschlag des Sterbenden. Im Hintergrund des Raums befinden sich zwei weitere Personen: ein Journalist, der aufgrund seines Berufs Zeuge der Todesszene wird, und ein Maler, der zufällig anwesend ist. Ehefrau, Arzt, Journalist und Maler werden Zeugen desselben Ereignisses. Doch dieses Ereignis — der Todeskampf eines Menschen — wird jedem von ihnen unter einem anderen Aspekt dargeboten. So unterschiedlich sind diese Aspekte, dass sie kaum eine Gemeinsamkeit haben. Der Unterschied zwischen der trauernden Ehefrau und dem Maler, der die Szene teilnahmslos beobachtet, ist so groß, dass es fast zutreffender wäre zu sagen, dass die Ehefrau und der Maler zwei völlig verschiedene Ereignisse erleben.

Es zeigt sich also, dass sich ein und dieselbe Realität in viele abweichende Realitäten aufspaltet, wenn man sie aus verschiedenen Blickwinkeln betrachtet. Und es drängt sich die Frage auf: Welche dieser vielfältigen Wirklichkeiten ist die wahre, die authentische? Jede Entscheidung, die wir treffen, ist willkürlich. Unsere Vorliebe für die eine oder andere kann nur auf einer Laune beruhen. Alle diese Realitäten sind gleichwertig, jede ist authentisch bezüglich ihrer eigenen Sichtweise. Alles, was wir tun können, ist, diese Sichtweisen zu klassifizieren und unter ihnen diejenige zu wählen, die uns praktisch am normalsten oder am spontansten erscheint. Auf diese Weise gelangen wir zu einem keineswegs absoluten, aber zumindest praktischen und normativen Begriff der Realität.

Am deutlichsten lassen sich die Sichtweisen der vier Personen, die der Todesszene beiwohnen, unterscheiden, indem man eine ihrer Dimensionen misst: die geistige Distanz, die jede von ihnen zur geteilten Tatsache, dem Todeskampf, einnimmt. Bei der Frau des sterbenden Mannes ist dieser Abstand minimal, so gering, dass er fast nicht existent ist. Das beklagenswerte Ereignis quält ihr Herz so sehr, fesselt ihre Seele so sehr, dass es mit ihrer Person verschmilzt, oder anders formuliert: Die Frau greift in das Geschehen ein, sie ist ein Teil davon. Damit wir etwas sehen können, damit ein Ereignis zu einem Gegenstand wird, den wir betrachten, muss es von uns getrennt werden und aufhören, ein lebendiger Teil unseres Wesens zu sein. Die Frau nimmt also nicht an der Szene teil, sondern ist in ihr; sie betrachtet sie nicht, sondern lebt sie.

Der Arzt ist schon ein wenig distanzierter. Für ihn ist die Sache eine professionelle Angelegenheit. Er mischt sich nicht in die leidenschaftliche und blendende Angst ein, die die Seele der armen Frau erfüllt. Sein Beruf zwingt ihn jedoch, sich ernsthaft für das Geschehen zu interessieren, denn er trägt eine gewisse Verantwortung dafür und sein Ansehen steht möglicherweise auf dem Spiel. Daher nimmt auch er, wenn auch weniger umfassend und intim als die Frau, an dem Geschehen teil, die Szene ergreift ihn und zieht ihn in ihre dramatische Tiefe, wenn nicht durch sein Herz, so durch den beruflichen Teil seiner Person. Auch er erlebt das traurige Ereignis, aber mit Emotionen, die nicht aus seinem Inneren, sondern aus seiner beruflichen Peripherie stammen.

Versetzen wir uns nun in die Sichtweise des Journalisten, stellen wir fest, dass wir uns von jener schmerzlichen Realität weit entfernt haben. Wir haben uns so weit entfernt, dass wir jeden gefühlsmäßigen Kontakt mit dem Ereignis verloren haben. Der Journalist ist dort wie der Arzt gezwungen durch seinen Beruf, nicht durch einen spontanen und menschlichen Impuls. Aber während der Beruf des Arztes ihn dazu zwingt, in das Geschehen zu intervenieren, zwingt der Beruf des Journalisten ihn gerade dazu, nicht zu intervenieren: Er muss sich auf das Zuschauen beschränken. Für ihn ist das Ereignis nur eine Szene, ein bloßes Spektakel, über das er dann in einem Zeitungsartikel berichten muss. Er nimmt nicht gefühlsmäßig Anteil an dem, was dort geschieht, er steht geistig abseits und außerhalb des Geschehens, er erlebt es nicht, sondern betrachtet es. Er betrachtet es aber mit der Sorge, seinen Lesern später davon berichten zu müssen. Er möchte sie interessieren, sie bewegen und, wenn möglich, alle Leser zu Tränen rühren, als wären sie vorübergehende Verwandte des Sterbenden. In der Schule hat er die Vorschrift von Horaz gelernt: *Si vis me flere, dolendum est primum ipsi tibi.*

Folgsam gegenüber Horaz versucht der Journalist, Emotionen vorzutäuschen, um seine Literatur damit zu füttern. Und es stellt sich heraus, dass er die Szene zwar nicht »lebt«, jedoch »vortäuscht«, er würde sie leben.

Schließlich beobachtet der Maler gleichgültig nur noch eine Kulisse. Ihm ist es egal, was dort geschieht; er ist, wie man zu sagen pflegt, hunderttausend Meilen von dem Ereignis entfernt. Seine Haltung ist rein kontemplativ, und man kann sogar sagen, dass er es nicht in seiner Gesamtheit betrachtet; der schmerzhafte innere Sinn des Ereignisses bleibt außerhalb seiner Wahrnehmung. Er achtet nur auf das Äußere, auf die Lichter und Schatten, auf die Farbwerte. In dem Maler haben wir das Maximum an Distanz und das Minimum an sentimentaler Intervention erreicht.

Die unvermeidliche Schwere dieser Analyse wäre gerechtfertigt, wenn sie uns erlauben würde, klar von einer Skala geistiger Entfernungen zwischen der Realität und uns selbst zu sprechen. Auf einer solchen Skala sind die Grade der Nähe gleichbedeutend mit den Graden der gefühlsmäßigen Teilnahme am Geschehen; die Grade der Ferne hingegen bedeuten Grade der Befreiung, in denen wir das reale Geschehen objektivieren und es zu einem reinen Gegenstand der Betrachtung machen. Vom einen Extrem aus sind wir mit einem Aspekt der Welt — Menschen, Dinge, Situationen — konfrontiert, der die »gelebte« Realität darstellt; vom anderen Extrem aus sehen wir hingegen das Ganze in seinem Aspekt der »betrachteten« Realität.

An dieser Stelle müssen wir eine wesentliche Bemerkung zur Ästhetik machen, ohne die es nicht leicht ist, die Physiologie der Kunst zu durchdringen, sowohl der alten als auch der neuen. Unter den verschiedenen Aspekten der Realität, die den verschiedenen Sichtweisen entsprechen, gibt es einen, von dem sich alle anderen ableiten und der in allen anderen vorausgesetzt wird. Es ist der Aspekt der gelebten Realität. Wenn es niemanden gäbe, der in reiner Hingabe und Raserei die Agonie eines Menschens miterlebt, würde sich der Arzt nicht darum kümmern, die Leser würden die pathetischen Gesten des Journalisten, der das Ereignis beschreibt, nicht verstehen, und das Gemälde, in dem der Maler einen Mann auf einem Bett umgeben von leidenden Gestalten darstellt, wäre für uns unverständlich. Das Gleiche könnte man von jedem anderen Gegenstand sagen, sei es eine Person oder ein Ding. Die ursprüngliche Form eines Apfels ist die, die er hat, wenn wir ihn essen wollen. In allen anderen möglichen Formen, die er annimmt — zum Beispiel die Form, die ihm ein Künstler um 1600 gegeben hat, indem er ihn mit einem barocken Ornament kombinierte, oder die Form, die er in einem Stillleben von Cézanne oder in der elementaren Metapher, die aus ihm eine Mädchenwange macht, annimmt —, behält er mehr oder weniger diesen ursprünglichen Aspekt bei. Ein Gemälde, ein Gedicht, in dem keine Spur der gelebten Formen verbleibt, wäre unverständlich, das heißt, es wäre ein Nichts, so wie eine Rede, in der jedes Wort seiner üblichen Bedeutung beraubt wäre.

Das bedeutet, dass die gelebte Realität in der Skala der Realitäten einen besonderen Vorrang hat, der uns zwingt, sie als »die« Realität schlechthin zu betrachten. Anstelle der gelebten Realität könnte man sie auch menschliche Realität nennen. Der Maler, der der Szene des Todeskampfes unbeteiligt beiwohnt, erscheint »unmenschlich«. Sagen wir also, dass die menschliche Sichtweise diejenige ist, aus der wir die Situationen, Menschen, Dinge »leben«. Und andersherum sind alle Realitäten menschlich — die Frau, die Landschaft, die Peripetie —, wenn sie die Erscheinungsform aufweisen, in der sie gewöhnlich gelebt werden.

Ein Beispiel, dessen Bedeutung der Leser später erkennen wird: Zu den Realitäten, aus denen die Welt besteht, gehören auch unsere Vorstellungen. Wir benutzen sie »menschlich«, wenn wir sie benutzen, um an Dinge zu denken, das heißt, wenn wir an Napoleon denken, ist es normal, dass wir unsere Aufmerksamkeit ausschließlich auf den sogenannten großen Mann richten. Der Psychologe hingegen, der einen abnormalen, »unmenschlichen« Standpunkt einnimmt, lässt Napoleon außer Acht und versucht, seine Vorstellung von Napoleon als solche zu analysieren, indem er in sich selbst schaut. Dies ist die entgegengesetzte Perspektive zu der, die wir im spontanen Leben einnehmen. Statt dass die Idee das Instrument ist, mit dem wir an einen Gegenstand denken, machen wir sie zum Gegenstand und Begriff unseres Denkens. Wir werden sehen, welchen unerwarteten Gebrauch die neue Kunst von dieser unmenschlichen Umkehrung macht.

Die Entmenschlichung der Kunst beginnt

In schwindelerregender Geschwindigkeit spaltet sich die junge Kunst in eine Vielzahl unterschiedlicher Richtungen und Versuche auf. Nichts ist einfacher, als die Unterschiede zwischen einem Produkt und einem anderen zu zeigen. Aber diese Betonung des Unterschiedlichen und Besonderen ist sinnlos, wenn wir nicht zuerst den gemeinsamen Hintergrund bestimmen, der in allen auf vielfältige und manchmal widersprüchliche Weise zum Ausdruck kommt. Unser guter alter Aristoteles lehrte, dass sich die verschiedenen Dinge in dem unterscheiden, in dem sie sich ähneln, also in dem, was sie gemeinsam haben. Da alle Körper Farben haben, stellen wir fest, dass einige eine andere Farbe haben als andere.

Arten sind nämlich Spezifikationen einer Gattung, und wir verstehen sie erst, wenn wir sehen, wie sie ihr gemeinsames Erbe auf unterschiedliche Weise modulieren.

Ich interessiere mich nur mäßig für die einzelnen Richtungen der jungen Kunst, und bis auf einige Ausnahmen noch weniger für die einzelnen Werke. Allerdings sollte meine persönliche Einschätzung neuer künstlerischer Produkte niemanden interessieren. Schriftsteller, die ihre Inspiration darauf beschränken, ihre Wertschätzung oder Verachtung für Kunstwerke zum Ausdruck zu bringen, sollten nicht schreiben. Sie sind für diese schwierige Aufgabe nicht geeignet. Wie die Zeitung Clarín über einige unbeholfene Dramatiker sagte, wäre es besser, sie würden sich anderen Aufgaben widmen, zum Beispiel der Gründung einer Familie. Sie haben schon eine? Nun, dann sollen sie noch eine weitere gründen.

Wichtig ist die unbestreitbare Tatsache einer neuen ästhetischen Sensibilität in der Welt.[11] Angesichts der Vielzahl von bestimmten Richtungen und individuellen Werken stellt diese Sensibilität das Allgemeine dar, aus dem sie hervorgehen. Das ist genau das, was es zu definieren gilt.

Und wenn ich nach dem allgemeinsten und charakteristischsten Merkmal dieser neuen Produktion suche, finde ich die Tendenz zur Entmenschlichung der Kunst. Der vorherige Absatz verleiht dieser Formel eine gewisse Präzision.

11 Diese neue Sensibilität ist nicht nur bei den Kunstschaffenden zu finden, sondern auch beim Publikum. Als ich sagte, dass die neue Kunst eine Kunst für Künstler ist, meinte ich nicht nur diejenigen, die diese Kunst produzieren, sondern auch diejenigen, die die Fähigkeit besitzen, rein künstlerische Werte wahrzunehmen.

Wenn wir ein Gemälde der neuen Manier mit einem aus dem Jahr 1860 der einfachsten Reihenfolge nach vergleichen, beginnen wir mit dem Vergleich der Gegenstände, die auf beiden dargestellt sind: Ein Mann vielleicht, ein Haus, ein Berg. Es wird schnell klar, dass es dem Künstler von 1860 vor allem darum ging, dass die Gegenstände in seinem Gemälde dieselbe Ausstrahlung und dasselbe Aussehen haben sollten wie außerhalb des Bildes, als Teil der erlebten oder menschlichen Realität. Möglicherweise hatte der Künstler von 1860 darüber hinaus noch viele andere ästhetische Komplikationen im Sinn; wichtig ist jedoch, dass er sich zunächst dieser Ähnlichkeit versicherte. Der Mensch, das Haus und der Berg sind im Grunde genommen wiedererkennbar: Sie sind unsere guten alten Freunde. Auf dem neueren Gemälde hingegen fällt es uns schwer, sie zu erkennen. Der Beschauer vermutet, dass es dem Maler vielleicht nicht gelungen ist, die Ähnlichkeit zu erreichen. Das Gemälde von 1860 kann aber auch »schlecht gemalt« sein, das heißt, dass zwischen den Gegenständen auf dem Bild und den gleichen Gegenständen außerhalb des Bildes eine bedeutende Entfernung, eine erhebliche Divergenz besteht. Unabhängig von der Entfernung weisen die Fehler des traditionellen Künstlers jedoch auf das »menschliche« Objekt hin, sie sind Unebenheiten auf dem Weg dorthin und gleichbedeutend mit dem »Dies ist ein Hahn«, mit dem Cervantes' Orbaneja sein Publikum anleitete. In der neueren Malerei ist es umgekehrt: Es ist nicht so, dass der Maler sich irrt und dass er durch seine Abweichungen vom »Natürlichen« (natürlich = menschlich) das menschliche Objekt nicht mehr erreicht, vielmehr zeigen diese einen entgegengesetzten Weg zu demjenigen auf, der uns zu diesem Objekt führen würde.

Im Gegensatz zu einer mehr oder weniger unbeholfenen Annäherung an die Realität hat sich der Maler eindeutig gegen sie gewandt. Er hat sich kühn daran gemacht, sie zu deformieren, ihren menschlichen Aspekt zu brechen, sie zu entmenschlichen. Mit den Gegenständen, die in der traditionellen Malerei dargestellt sind, könnten wir illusorisch koexistieren. Viele Engländer haben sich in die Mona Lisa verliebt. Mit den im neueren Gemälde dargestellten Gegenständen ist es unmöglich zu koexistieren: Indem der Maler ihnen den Aspekt der gelebten Wirklichkeit nimmt, kappt er die Brücke und versenkt die Schiffe, die uns in unsere gewohnte Welt bringen könnten. Er schließt uns in ein abstruses Universum ein, er zwingt uns, uns mit Gegenständen zu beschäftigen, mit denen wir menschlich nicht umgehen können. Wir müssen also eine andere Art des Umgangs mit den Gegenständen improvisieren, die sich von der üblichen völlig unterscheidet; wir müssen noch nie dagewesene Handlungen schaffen und erfinden, die diesen ungewöhnlichen Figuren angemessen sind. Dieses neue Leben, dieses erfundene Leben nach der Aufhebung des spontanen, ist eben das künstlerische Verstehen und Genießen. An Gefühlen und Leidenschaften mangelt es ihm nicht, aber diese Leidenschaften und Gefühle gehören offensichtlich zu einer psychischen Flora, die sich von derjenigen, die die Landschaften unseres primären und menschlichen Lebens bedeckt, sehr unterscheidet. Es sind sekundäre Emotionen, die in unserem inneren Künstler durch diese Ultra-Objekte[12] hervorgerufen werden. Es sind spezifisch ästhetische Gefühle.

12 »Ultraismus« ist eine der treffendsten Bezeichnungen für diese neue Sensibilität.

Man könnte sagen, dass es für ein solches Ergebnis einfacher wäre, ganz auf diese menschlichen Formen — Mann, Haus, Berg — zu verzichten und nur ursprüngliche Figuren zu konstruieren. Aber das ist zunächst einmal unpraktikabel.[13] Verborgen pulsiert vielleicht auch in der abstraktesten ornamentalen Linie eine beharrliche Reminiszenz an bestimmte »natürliche« Formen. Zudem — und das ist der wichtigste Grund — ist die Kunst, von der wir sprechen, nicht nur unmenschlich, weil sie keine menschlichen Gegenstände enthält, sondern sie besteht aktiv in dieser Operation der Entmenschlichung. In ihrer Flucht vor dem Menschlichen geht es ihr nicht so sehr um den Terminus *ad quem*, die heterogene Fauna, zu der sie gelangt, sondern vielmehr um den Terminus *a quo*, den menschlichen Aspekt, den sie vernichtet. Es geht nicht darum, etwas zu malen, das sich völlig von einem Menschen, einem Haus oder einem Berg unterscheidet, sondern einen Menschen zu malen, der so wenig wie möglich wie ein Mensch aussieht, ein Haus, von dem so wenig wie möglich verbleibt, damit wir Zeuge seiner Metamorphose werden können, einen Kegel, der auf wundersame Weise aus dem entstanden ist, was einmal ein Berg war, wie die Schlange, die sich aus ihrer Haut befreit. Das ästhetische Vergnügen des neuen Künstlers besteht in diesem Triumph über das Menschliche; deshalb ist es notwendig, den Sieg zu konkretisieren und das erdrosselte Opfer jeweils zu präsentieren.

Die breite Masse glaubt, dass es leicht ist, der Realität zu entfliehen, obwohl es eigentlich das Schwierigste auf der Welt ist. Leicht ist es, etwas zu sagen oder zu malen, das überhaupt keinen Sinn ergibt,

13 Ein Versuch in diese extreme Richtung wurde unternommen (bestimmte Werke von Picasso), ist aber vollkommen gescheitert.

das unverständlich oder unwirksam ist: Es reicht aus, Worte ohne Zusammenhang zu setzen oder Linien nach dem Zufallsprinzip zu ziehen.[14] Aber etwas zu konstruieren, das keine Kopie des »Natürlichen« ist und dennoch eine gewisse Substanz besitzt, das ist die erhabenste Gabe.

Die »Wirklichkeit« verfolgt den Künstler ständig, um ihn an der Flucht zu hindern. Wie viel List ist nötig, damit das Genie entkommen kann! Er muss ein umgekehrter Odysseus sein, der sich von seiner täglichen Penelope befreit und die Klippen umschiffend den Hexereien der Circe entgegensegelt. Wenn es ihm gelingt, für einen Moment der ewigen Verfolgung zu entkommen, sollten wir dem Künstler eine Geste der Überheblichkeit nicht übel nehmen, eine kurze Geste im Stil des heiligen Georg, der den Drachen niederstreckt.

Einladung zum Verständnis

Im typischen Kunstwerk des letzten Jahrhunderts gibt es immer einen Kern gelebter Realität, der zur Substanz des ästhetischen Körpers wird. Die Kunst wirkt auf ihn ein, und ihre Wirkung reduziert sich darauf, diesen menschlichen Kern zu polieren, ihm Lack, Glanz, Ausgewogenheit oder Wohlklang zu verleihen. Für

14 Und genau das hat der dadaistische Humor getan. Man kann sehen (siehe vorherige Anmerkung), wie sich die Extravaganzen und gescheiterten Versuche der neuen Kunst mit einer gewissen Logik aus ihrem organischen Prinzip ableiten. Dies beweist *ex abundantia*, dass es sich tatsächlich um eine einheitliche und bedeutungsvolle Bewegung handelt.

die meisten Menschen ist eine solche Struktur des Kunstwerks am natürlichsten, sie ist die einzig mögliche. Die Kunst ist ein Spiegelbild des Lebens, sie ist die Natur, die durch ein Temperament gesehen wird, sie ist die Darstellung des Menschen und so weiter und so fort. Warum sollen die Alten heute immer recht haben gegen die Jungen, wenn morgen die Jungen immer recht haben werden gegen die Alten? Vor allem ist es ratsam, sich nicht zu entrüsten oder zu schreien. »*Dove si grida non è vera scienza*«, sagte Leonardo da Vinci; »*Neque lugere neque indignari, sed intelligere*«, empfahl Spinoza. Unsere am tiefsten verwurzelten, unanfechtbaren Überzeugungen sind am verdächtigsten. Sie bilden unsere Grenzen, unsere Beschränkungen, unser Gefängnis. Das Leben ist klein, wenn es nicht mit ungeheurem Eifer versucht, seine Grenzen zu erweitern. Man lebt in dem Maße, in dem man sich danach sehnt, mehr zu leben. Jede Hartnäckigkeit, sich innerhalb des gewohnten Horizonts zu halten, bedeutet Schwäche, Dekadenz der Lebensenergien. Der Horizont ist eine biologische Linie, ein lebendiges Organ unseres Wesens; während wir die Fülle genießen, wandert der Horizont, dehnt sich aus, wogt elastisch fast im Rhythmus unseres Atems. Wenn der Horizont hingegen starr wird, bedeutet das, dass er sich versteift hat und wir ins Alter kommen.

Es ist nicht so offensichtlich, wie die Akademiker annehmen, dass das Kunstwerk unbedingt aus einem menschlichen Kern bestehen muss, den die Musen kämmen und polieren. Das hieße zum einen, Kunst allein auf Kosmetik zu reduzieren. Ich habe oben schon angedeutet, dass die Wahrnehmung der erlebten Wirklichkeit und die Wahrnehmung der künstlerischen Form prinzipiell unvereinbar sind, weil sie eine unterschiedliche Anpassung in unserem Rezeptionsapparat erfordern. Eine Kunst, die uns diesen doppelten Blick bietet, wird eine schielende Kunst sein. Das 19. Jahrhundert war extrem schielend; deshalb sind seine künstlerischen Produkte weit davon entfernt, einen normalen Kunsttypus zu repräsentieren, sie sind vielleicht die größte Anomalie in der Geschichte des Geschmacks. Alle großen Epochen der Kunst haben verhindert, dass das Werk den Menschen in den Mittelpunkt stellt. Und der zwingende Imperativ des Realismus, der die Sensibilität des letzten Jahrhunderts beherrscht hat, bedeutet tatsächlich eine Ungeheuerlichkeit ohne Vergleich in der ästhetischen Entwicklung. Daraus folgt, dass die neue Inspiration, die scheinbar so extravagant ist, zumindest in einem Punkt wieder den wahren Weg der Kunst berührt. Denn dieser Weg wird »Wille zum Stil« genannt. Nun denn: Stilisieren heißt, das Reale zu deformieren, zu entrealisieren. Stilisierung impliziert Entmenschlichung. Und umgekehrt gibt es keinen anderen Weg der Entmenschlichung als den der Stilisierung. Der Realismus hingegen lädt den Künstler dazu ein, der Form der Dinge zu folgen, und fordert ihn auf, keinen Stil zu haben. Deshalb sagt der Zurbarán-Anhänger, der nicht weiß, was er sagen soll, dass seine Bilder »Charakter« haben, so wie Lucas oder Sorolla, Dickens oder Galdós Charakter und keinen Stil haben. Andererseits ist das 18. Jahrhundert, das so wenig Charakter hat, gesättigt mit einem Stil.

Weiter mit der Entmenschlichung der Kunst

Die Neuen haben jede Einmischung des Menschen in die Kunst zum »Tabu« erklärt. Nun hat das Menschliche, das Repertoire der Elemente, aus denen sich unsere gewohnte Welt zusammensetzt, eine Hierarchie von drei Stufen. Zuerst gibt es die Stufe der Menschen, dann die Stufe der Lebewesen und dann die Stufe der anorganischen Dinge. Das Veto der neuen Kunst wird mit einer Energie ausgeübt, die proportional zur hierarchischen Höhe des Objekts ist. Das Persönliche, weil es das Menschlichste des Menschlichen ist, ist das, was die junge Kunst am meisten meidet.

Das wird in der Musik und in der Poesie sehr deutlich.

Von Beethoven bis Wagner war das Thema der Musik der Ausdruck von persönlichen Gefühlen. Der melische Künstler komponierte große Klanggebäude, um seine Autobiographie unterzubringen. Die Kunst war mehr oder weniger ein Bekenntnis. Es gab keinen anderen Weg des ästhetischen Genusses als die Ansteckung. »In der Musik« — sagte noch Nietzsche — »genießen die Leidenschaften sich selbst«. Wagner injiziert in den »Tristan« seinen Ehebruch mit der Wesendonck und lässt uns, wenn wir uns seinem Werk hingeben wollen, keine andere Wahl, als für ein paar Stunden ein wenig ehebrecherisch zu werden. Die Musik zwingt uns dazu, und um sie zu genießen, müssen wir weinen, in Angst versetzt sein oder in krampfhafter Wollust zerfließen. Von Beethoven bis Wagner ist alle Musik Melodrama.

Das ist Untreue — würde ein moderner Künstler sagen. Das ist das Ausnutzen einer edlen Schwäche des Menschen, durch die er dazu neigt, sich von dem Schmerz oder der Freude seiner Mitmenschen anstecken zu lassen. Diese Ansteckung ist nicht geistiger Natur, sondern eine mechanische Rückwirkung, wie der Schmerz, der durch das Schaben eines Messers auf Glas entsteht. Es ist eine automatische Wirkung, mehr nicht. Kitzeln ist nicht zu verwechseln mit Heiterkeit. Der Romantiker jagt mit einem Köder; er nutzt den Eifer des Vogels auf unehrliche Weise aus, um in ihm das Schrot seiner Noten einzubetten. Kunst kann nicht aus psychischer Ansteckung bestehen — das ist nämlich ein unbewusstes Phänomen —, sie muss in voller Klarheit sein, Mittag der Verstandeskraft. Weinen und Lachen sind ästhetische Betrügereien. Die Geste der Schönheit geht nie über Melancholie oder ein Lächeln hinaus. Umso besser, wenn sie gar nicht auftaucht. *Toute maîtrise jette le froid* (Mallarmé).

Ich finde, die Urteilskraft des jungen Künstlers zeigt sich eher diskret. Der ästhetische Genuss muss ein intelligenter Genuss sein. Denn es gibt unter den Vergnügungen sowohl blinde als auch scharfsinnige. Die Freude des Betrunkenen ist blind; sie hat, wie alles in der Welt, eine Ursache, nämlich den Alkohol, aber es fehlt ihr ein Motiv. Der Gewinner eines Lotteriepreises freut sich auch, aber er hat eine ganz andere Freude; er freut sich »über« etwas Bestimmtes. Die Freude des Betrunkenen ist hermetisch, in sich geschlossen, er weiß nicht, woher sie kommt, und sie ist, wie man sagt, »ohne Grund«. Die Freude des Preisgewinners hingegen besteht gerade in der Erkenntnis einer Tatsache, die sie motiviert und rechtfertigt. Er freut sich, weil er ein Objekt sieht, das an sich erfreulich ist. Es ist eine Freude mit Augen, die von ihrer Motivation lebt und vom Objekt zum Subjekt zu fließen scheint.[15]

Alles, was als geistig und nicht als mechanisch gilt, muss diesen scharfsinnigen, intelligenten und getriebenen Charakter besitzen. Hier nun: Das romantische Werk ruft einen Genuss hervor, der

15 Verursachung und Motivation sind also zwei völlig unterschiedliche Zusammenhänge. Die Ursachen unserer Bewusstseinszustände existieren für sie nicht: die Wissenschaft muss sie ermitteln. Andererseits ist das Motiv eines Gefühls, eines Willens, eines Glaubens ein Teil von ihnen, es ist eine bewusste Verbindung.

mit seinem Inhalt kaum noch etwas zu tun hat. Was hat die Schönheit der Musik — die sich außerhalb von mir befindet, an dem Ort, an dem der Klang entsteht — mit den innerlichen Erschütterungen zu tun, die sie in mir hervorruft und an denen sich das romantische Publikum ergötzt? Gibt es hier nicht ein perfektes *quid pro quo*? Anstatt das künstlerische Objekt zu genießen, genießt das Subjekt sich selbst; das Werk ist nur der Auslöser und der Alkohol seines Genusses gewesen. Und dies wird so lange geschehen, wie die Kunst radikal aus einer Vorführung erlebter Realitäten bestehen soll. Diese überwältigen uns ohne Abhilfe, wecken in uns eine sentimentale Beteiligung, die uns daran hindert, sie in ihrer objektiven Reinheit zu betrachten.

Sehen ist eine Aktion auf Distanz. Und jede der Künste verfügt über einen Projektionsapparat, der die Dinge auf Distanz bringt und sie verklärt. Auf ihrer magischen Leinwand betrachten wir sie gebannt, als Mieter eines unzugänglichen und absolut von uns entfernten Gestirns. Wenn diese Entwirklichung fehlt, verspüren wir ein tödliches Zögern: Wir wissen nicht, ob wir die Objekte erleben oder sie betrachten sollen.

Wir alle haben gegenüber Wachsfiguren schonmal ein eigenartiges Unbehagen empfunden. Das kommt von der eindringlichen Zweideutigkeit, die ihnen innewohnt und uns daran hindert, in ihrer Gegenwart eine klare und stabile Haltung einzunehmen. Wenn wir sie als lebendige Wesen empfinden, verhöhnen sie uns, indem sie uns ihr leichenhaftes Geheimnis der Puppenhaftigkeit offenbaren, und wenn wir sie als Fiktion sehen, scheinen sie vor Irritation zu zittern. Es fällt uns schwer, sie auf bloße Objekte zu reduzieren. Wenn wir sie betrachten, erschaudern wir bei dem Verdacht, dass sie es sind, die uns betrachten. Und am Ende empfinden wir Abscheu vor diesen gemieteten Leichen. Die Wachsfigur ist das reine Melodrama.

Mir scheint, dass die neue Sensibilität von einem Ekel vor dem Menschlichen in der Kunst beherrscht wird, der dem Ekel ähnelt, den die Auserwählten schon immer vor Wachsfiguren empfunden haben. Andererseits hat dieser makabre Spott schon immer den Plebs erregt. Und wir stellen uns im Vorbeigehen einige unverschämte Fragen, die wir jetzt nicht beantworten werden: Was bedeutet dieser Ekel vor dem Menschlichen in der Kunst? Ist es ein Ekel vor dem Menschlichen, vor der Wirklichkeit, vor dem Leben, oder ist es eher das Gegenteil: Respekt vor dem Leben und Abscheu davor, es mit der Kunst zu verwechseln, mit etwas so Untergeordnetem wie der Kunst? Aber was bedeutet es, die Kunst eine untergeordnete Funktion zu nennen, die göttliche Kunst, den Ruhm der Zivilisation, die Feder der Kultur…? Ich habe bereits gesagt, das seien unverschämte Fragen. Lassen wir sie lieber für den Moment in Klammern stehen.

Das Melodrama erreicht mit Wagner die höchste Übersteigerung. Und wie immer, wenn eine Form ihren Höhepunkt erreicht, beginnt sie sich in ihr Gegenteil zu verkehren. Schon bei Wagner hört die menschliche Stimme auf, Protagonist zu sein und geht im kosmischen Geschrei der anderen Instrumente unter. Doch eine radikalere Umwandlung war unvermeidbar. Es galt, die privaten Gefühle aus der Musik zu tilgen, sie durch eine exemplarische Objektivierung zu reinigen. Das war Debussys Kunststück. Bei ihm ist es möglich, Musik gelassen zu hören, ohne Rauschzustände und ohne Tränen. Alle Zweckänderungen, die in den letzten Jahrzehnten in der musikalischen Kunst stattgefunden haben, betreten das neue, überirdische Gebiet, das Debussy brillant erobert hat.

Diese Umwandlung vom Subjektiven zum Objektiven ist von solcher Bedeutung, dass sich alle weiteren Unterscheidungen im Angesicht dieser auflösen.[16] Debussy hat die Musik entmenschlicht, und so geht die neue Ära der Musikkunst auf ihn zurück.

Das Gleiche geschah in der Lyrik. Es war dringend notwendig, die Poesie zu befreien, die, beladen mit menschlicher Materie, zu einem Ballast geworden war, der sich über die Erde schleppte und sich an den Bäumen und Dachgiebeln stieß wie ein Ballon ohne Gas. Mallarmé war hier der Befreier, der dem Gedicht seine aerostatische Kraft und seine aufsteigende Tugend zurückgab. Er selbst hat seine Ambitionen vielleicht nicht verwirklicht, aber er war der Kapitän der neuen ätherischen Erkundungen, der das entscheidende Manöver befahl: Das Abwerfen des Ballasts.

Erinnern wir uns, was das Thema der Poesie im romantischen Jahrhundert war. Der Dichter wollte seine privaten Gefühle als guter Bürger mit uns teilen, seine großen und kleinen Sorgen, seine Nostalgie, seine religiösen oder politischen Bedenken und, wenn er Engländer war, seine Träumereien hinter der Pfeife. Auf die eine oder andere Weise strebte er danach, seine alltägliche Existenz in Pathos zu hüllen. Das individuelle Genie ließ manchmal eine strahlende Photosphäre subtilerer Materie — zum Beispiel bei Baudelaire — um den menschlichen Kern des Gedichts entstehen. Aber diese Ausstrahlung war nicht beabsichtigt. Der Dichter wollte immer ein Mensch sein.

16 Eine detaillierte Analyse der Bedeutung Debussys in Bezug auf die romantische Musik findet sich in meinem Essay *Musicalia*, gesammelt in *El Espectador*, Band III (Band II der *Obras completas*).

— Und das erscheint den jungen Leuten falsch? — fragt jemand, der kein junger Mensch ist, mit unterdrückter Empörung. Was wollen sie? Soll der Dichter ein Vogel, ein Ichthyosaurier, ein Dodekaeder sein?

Ich weiß es nicht, ich weiß es nicht; aber ich glaube, dass der junge Dichter, wenn er dichtet, einfach die Absicht hat, ein Dichter zu sein. Wir werden sehen, wie die ganze neue Kunst, die darin mit der neuen Wissenschaft, mit der neuen Politik, mit dem neuen Leben zusammenfällt, schließlich vor allem die Verwirrung der Grenzen ablehnt. Es ist ein Symptom geistiger Ordnungsliebe, die Grenzen zwischen den Objekten klar gezogen wissen zu wollen. Das Leben ist eine Sache, die Poesie eine andere — denken sie, oder so fühlen sie zumindest. Wir sollten sie nicht verwechseln. Der Dichter beginnt dort, wo der Mensch endet. Die Bestimmung des Dichters ist es, seinen menschlichen Weg zu leben; seine Aufgabe ist es, etwas zu erfinden, was nicht existiert. Auf diese Weise ist der Beruf des Dichters gerechtfertigt. Der Dichter vergrößert die Welt, indem er dem Realen, das an sich schon da ist, einen irrealen Kontinent hinzufügt. Autor kommt von »auctor«, dem Erweiterer. So nannten die Lateiner den Feldherrn, der neue Gebiete für sein Land gewann.

Mallarmé war der erste Mensch des letzten Jahrhunderts, der Dichter sein wollte. Wie er selbst sagt, »lehnte er natürliche Materialien ab« und komponierte kleine lyrische Objekte, die sich von der menschlichen Flora und Fauna unterscheiden. Diese Poesie muss nicht »gefühlt« werden, denn da sie nichts Menschliches enthält, ist sie auch nicht pathetisch. Wenn sie von einer Frau spricht, ist es »Frau Niemand«, und wenn sie eine Stunde erklingen lässt, ist es »die abwesende Stunde des Ziffernblattes«. Mallarmés Verse heben durch Negationen jede Resonanz mit dem Lebendigen auf und stellen uns Figuren vor, die so außerirdisch sind, dass schon ihre bloße Betrachtung einen großen Genuss darstellt. Was kann das arme Gesicht des Menschen, der als Dichter auftritt, unter solchen Physiognomien tun? Nur eines: verschwinden, sich verflüchtigen und zu einer reinen anonymen Stimme werden, die in der Luft die Worte trägt, die eigentlichen Protagonisten des lyrischen Unternehmens. Diese reine anonyme Stimme, dieses bloße akustische Substrat des Verses, ist die Stimme des Dichters, der es versteht, sich von dem ihn umgebenden Menschen zu trennen.

Überall finden wir das Gleiche: die Flucht vor der menschlichen Person. Die Prozesse der Entmenschlichung sind vielfältig. Vielleicht dominieren heute andere, ganz andere als die von Mallarmé verwendeten, und es ist für mich kein Geheimnis, dass die romantischen Schwingungen und Erschütterungen noch immer die Seiten von Mallarmés Poesie füllen. Aber so wie die heutige Musik zu einer historischen Einheit gehört, die mit Debussy beginnt, bewegt sich die gesamte neue Poesie in die von Mallarmé vorgegebene Richtung. Die Verbindung mit dem einen oder anderen Namen scheint mir von entscheidender Bedeutung zu sein, wenn man den Blick über die Einkerbungen der jeweiligen Inspiration erheben und nach den Zügen eines neuen Stils suchen will.

Einem Zeitgenossen unter dreißig fällt es schwer, sich für ein Buch zu interessieren, in dem unter dem Vorwand der Kunst das Kommen und Gehen von Männern und Frauen beschrieben wird. Das alles schmeckt für ihn nach Soziologie, nach Psychologie, und er würde es gerne akzeptieren, wenn man es ihm, ohne das Ganze zu verwirren, soziologisch oder psychologisch erklären würde. Aber Kunst ist für ihn etwas anderes.

Die Poesie ist heute die höhere Algebra der Metaphern.

Das »Tabu« und die Metapher

Die Metapher ist wahrscheinlich die fruchtbarste Kraft, die der Mensch besitzt. Ihre Wirksamkeit berührt die Grenzen der Thaumaturgie und erscheint wie ein Schöpfungswerk, das Gott im Inneren eines seiner Geschöpfe vergaß, als er es formte, so wie ein zerstreuter Chirurg ein Instrument im Bauch des operierten Menschen zurücklässt.

Alle anderen Kräfte halten uns eingeschrieben im Realen, in dem, was bereits ist. Das Einzige, was wir tun können, ist, einige Dinge zu anderen hinzuzufügen oder von ihnen abzuziehen. Nur die Metapher erleichtert uns das Ausweichen und schafft imaginäre Riffe zwischen den realen Dingen; blühende, schwerelose Inseln.

Es ist wirklich seltsam, dass es im Menschen diese geistige Aktivität gibt, die darin besteht, eine Sache durch eine andere zu ersetzen, und zwar nicht so sehr aus dem Bestreben heraus, letztere zu erreichen, sondern aus dem Bemühen heraus, erstere zu vermeiden.

Die Metapher verbirgt ein Objekt, indem sie es mit einem anderen überdeckt, und sie würde keinen Sinn ergeben, wenn wir dahinter nicht einen Instinkt erkennen würden, der den Menschen dazu bringt, Realitäten zu vermeiden.[17]

Als ein Psychologe sich kürzlich die Frage nach dem Ursprung der Metapher stellte, fand er zu seiner Überraschung heraus, dass

17 Mehr zur Metapher findet sich im Essay *Las dos grandes metáforas*, veröffentlicht in *El Espectador*, Band IV, 1925 (in Band II der *Obras completas*), und in »Ensayo de Estética a manera de prólogo«, in Band VI der *Obras completas*.

eine ihrer Wurzeln im Geist des »Tabus« liegt.[18] Früher gab es eine Zeit, in der die Angst die ultimative menschliche Inspiration war, ein Zeitalter, das von der Angst vor dem Kosmos beherrscht wurde. In diesem Zeitalter hatte man das Bedürfnis, bestimmte Realitäten zu vermeiden, die im Grunde jedoch unausweichlich sind. Das alltäglichste Tier des Landes, von dem der Lebensunterhalt abhängt, erwirbt ein heiliges Prestige. Diese Verehrung bringt es mit sich, dass es nicht mit den Händen berührt werden darf. Was macht der einheimische Lillooet dann, um zu essen? Er hockt sich hin und verschränkt die Hände unter dem Gesäß. Auf diese Weise kann er essen, denn die Hände unter dem Gesäß sind nun metaphorisch die Füße. Es handelt sich um eine Handlungstrope, eine elementare Metapher, die dem verbalen Bild vorausgeht und die dem Wunsch entspringt, der Realität zu entkommen.

Und weil das Wort für den primitiven Menschen in gewissem Sinne die benannte Sache selbst ist, ist es für ihn notwendig, das gewaltige Objekt, auf das das »Tabu« gefallen ist, nicht zu benennen. Daher wird es mit dem Namen von etwas anderem bezeichnet, indem man es heimlich und hinterhältig erwähnt. So muss der Polynesier, der alles, was dem König gehört, nicht beim Namen nennen darf, wenn er die Fackeln in seiner Palastkabine brennen sieht, sagen: »Der Blitz brennt in den Wolken am Himmel«. Dies ist die metaphorische Ausflucht.

Das durch das Tabu geschaffene metaphorische Instrument kann dann für die unterschiedlichsten Zwecke eingesetzt werden. Einer dieser Zwecke, der in der Poesie vorherrschend war, bestand darin, den realen Gegenstand zu veredeln. Das Ähnlichkeitsbild

18 Siehe Heinz Werner: *Die Ursprünge der Metapher*, 1919.

wurde in dekorativer Absicht verwendet, um die geliebte Realität zu schmücken und zu verschönern. Es wäre interessant zu fragen, ob in der neuen poetischen Inspiration, in der die Metapher zur Substanz und nicht zum Ornament wird, eine seltsame Vorherrschaft des Bildes als Verunglimpfung zu betrachten ist, denn statt zu veredeln und zu verschönern, erniedrigt und belästigt es die arme Wirklichkeit. Kürzlich las ich bei einem jungen Dichter, dass der Blitz der Zollstock des Zimmermanns sei und die blattlosen Bäume des Winters die Besen zum Fegen des Himmels. Die lyrische Waffe lehnt sich gegen die natürlichen Dinge auf und verletzt oder vernichtet sie.

Supra- und Infrarrealismus

Auch wenn die Metapher das radikalste Instrument der Entmenschlichung ist, so ist sie doch nicht das einzige. Es gibt zahllose andere von unterschiedlicher Tragweite.

Das einfachste besteht in einem bloßen Wechsel der üblichen Perspektive. Aus der Sicht des Menschen haben die Dinge eine gewisse Ordnung und Hierarchie. Einige scheinen uns sehr wichtig, andere weniger, und wieder andere sind völlig unbedeutend. Um den Drang zur Entmenschlichung zu befriedigen, ist es also nicht notwendig, die primären Formen der Dinge zu verändern. Es genügt, die Hierarchie umzukehren und eine Kunst zu schaffen, in der die minimalen Ereignisse des Lebens in den Vordergrund treten und monumental wirken.

Dies ist der latente Zusammenhang, der die scheinbar am weitesten voneinander entfernten Formen der neuen Kunst miteinander verknüpft. Derselbe Instinkt der Flucht und des Ausweichens vor dem Realen lässt sich im Suprarealismus der Metapher und in dem, was man Infrarrealismus nennen könnte, befriedigen. Der poetische Aufstieg kann durch ein Eintauchen unter die Ebene der natürlichen Perspektive ersetzt werden. Die besten Beispiele für die Überwindung des Realismus, indem man ihn in seiner extremsten Form anwendet — man muss nur die mikroskopischen Aspekte des Lebens mit der Lupe betrachten — sind Proust, Ramón Gómez de la Serna, Joyce.

Ramón kann ein ganzes Buch über Brüste schreiben — jemand hat ihn »den neuen Kolumbus, der zu den Hemisphären segelt« genannt — oder über den Zirkus oder über die Morgendämmerung oder über den Rastro oder die Puerta del Sol. Das Verfahren besteht einfach darin, die Randgebiete der Aufmerksamkeit zu den Protagonisten des Lebensdramas zu machen, diejenigen, die wir vernachlässigen, weil sie zu gewöhnlich sind. Giraudoux, Morand usw. sind, in verschiedenen Ausprägungen, Mitglieder derselben lyrischen Gemeinschaft.

Das erklärt, warum die beiden Letztgenannten so begeistert von Prousts Werk waren, wie es überhaupt das Vergnügen erklärt, das dieser aus einer anderen Zeit stammende Schriftsteller den neuen Menschen bereitet. Vielleicht ist das Wesentliche, was das Latifundium seines Buches mit der neuen Sensibilität gemeinsam hat, der Perspektivwechsel: Verachtung der im Roman beschriebenen alten monumentalen Formen der Seele und unmenschliche Aufmerksamkeit für die feine Struktur der Gefühle, der sozialen Beziehungen, der Charaktere.

Die Umkehrung

Wenn die Metapher substantiviert wird, wird sie mehr oder weniger zum Protagonisten der poetischen Schicksale. Das bedeutet einfach, dass die ästhetische Absicht das Vorzeichen gewechselt hat, dass sie umgekehrt worden ist. Früher wurde die Metapher über eine Realität gegossen, wie ein Ornament, ein Spitzenschleier oder ein Regenmantel. Jetzt hingegen geht es darum, den außerpoetischen oder realen Rückhalt zu eliminieren und zu versuchen, die Metapher zu realisieren, sie zur ***res** poetica* zu machen. Aber diese Inversion des ästhetischen Prozesses ist nicht auf den metaphorischen Bereich beschränkt, sondern lässt sich in allen Ordnungen und durch alle Medien nachweisen, bis hin zu einem allgemeinen Aspekt, einer Tendenz der gesamten aktuellen Kunst.[19]

Die Beziehung unseres Geistes zu den Dingen besteht darin, dass wir über sie nachdenken, dass wir uns Vorstellungen von ihnen machen. Streng genommen besitzen wir vom Realen nur die Ideen, die wir uns von ihm gemacht haben. Sie sind wie der Aussichtspunkt, von dem aus wir die Welt sehen. Goethe hat sehr gut gesagt, dass jeder neue Begriff wie ein neues Organ ist, das in uns entsteht. Durch die Ideen sehen wir also die Dinge, und in der natürlichen Haltung des Geistes sind wir uns ihrer nicht bewusst, so wie das Auge beim Schauen sich selbst nicht sieht. Mit anderen Worten: Das Denken ist das Streben, die Wirklichkeit mit Hilfe

19 Es wäre ermüdend, auf jeder dieser Seiten zu wiederholen, dass jedes der Merkmale, die ich als wesentlich für die neue Kunst hervorgehoben habe, im Sinne von vorherrschenden Neigungen und nicht von absoluten Zuschreibungen verstanden werden muss.

von Ideen zu erfassen; die spontane Bewegung des Geistes geht von den Begriffen zur Welt.

Aber zwischen der Idee und dem Ding besteht immer ein absoluter Abstand. Das Reale übersteigt immer den Begriff, der es zu fassen versucht. Der Gegenstand ist immer mehr und anderes als das, was in unserer Idee von ihm gedacht wird. Letzteres bleibt immer ein dürftiges Schema, ein Gerüst, mit dem wir versuchen, zur Realität zu gelangen. Die natürliche Tendenz verleitet uns jedoch dazu, zu glauben, dass die Realität das ist, was wir von ihr denken, und sie deshalb mit der Idee zu verwechseln, indem wir letztere gutgläubig für die Sache selbst halten. Kurzum, unser vitaler Drang zum Realismus lässt uns in eine naive Idealisierung des Realen verfallen. Darin besteht die angeborene, »menschliche« Neigung.

Wenn wir nun, statt diese Richtung einzuschlagen, sie umkehren, der vermeintlichen Realität den Rücken kehrend, die Ideen so nehmen, wie sie sind — bloße subjektive Schemata — und sie als solche zum Leben erwecken, mit ihrer kantigen, dumpfen, aber transparenten und reinen Kontur — kurz, wenn wir uns bewusst daran machen, die Ideen zu verwirklichen, dann haben wir sie entmenschlicht, entrealisiert. Denn sie sind in der Tat eine Irrealität. Sie als Realität zu nehmen, bedeutet, sie zu idealisieren — naiv zu verfälschen. Sie in ihrer eigenen Irrealität leben zu lassen, bedeutet, sagen wir es einmal so, das Irreale als Irreales zu erkennen. Hier gehen wir nicht vom Geist zur Welt, sondern umgekehrt, wir geben den Schemata, dem Inneren und Subjektiven eine Plastizität, wir objektivieren und verweltlichen sie.

Der traditionelle Porträtmaler gibt vor, sich der Realität der Person bemächtigt zu haben, während er in Wahrheit höchstens eine schematische, von seinem Verstand willkürlich getroffene Auswahl aus der Unendlichkeit, die die wirkliche Person ausmacht, auf der Leinwand hinterlässt. Was wäre, wenn der Maler, anstatt die wirkliche Person zu malen, sich entschließen würde, seine Idee, sein Konzept der Person zu malen? Dann wäre das Bild die Wahrheit selbst, und das vorher unvermeidliche Scheitern würde nicht eintreten. Das Gemälde würde durch den Verzicht auf die Nachahmung der Realität zu dem werden, was es wirklich ist: ein Gemälde — eine Irrealität.

Der Expressionismus, der Kubismus usw. waren in gewisser Weise Versuche, diesen Entschluss in der radikalen Richtung der Kunst zu verifizieren. Von der Malerei der Dinge sind wir zur Malerei der Ideen übergegangen: Der Künstler hat sich von der Außenwelt abgewendet und seinen Blick auf innere, subjektive Landschaften gerichtet.

Trotz seiner Ungeschliffenheit und der kontinuierlichen Grobheit seiner Materie ist Pirandellos *Sechs Personen suchen einen Autor* vielleicht das einzige Stück der letzten Zeit, das den Liebhaber der Theaterästhetik zum Nachdenken angeregt hat. Es ist ein klares Beispiel für die Umkehrung des künstlerischen Themas, das ich zu beschreiben versuche. Das traditionelle Theater legt nahe, in seinen Figuren Menschen zu sehen und in ihren Gesten den Ausdruck eines »menschlichen« Dramas zu erkennen. Hier hingegen gelingt es ihm, uns für die Figuren als solche zu interessieren, das heißt für Ideen oder reine Konzepte.

Man könnte sagen, dass dies das erste »Ideendrama« im eigentlichen Sinne ist, das je komponiert wurde. Die früheren Dramen waren keine Ideendramen, sondern Dramen zwischen Pseudo-Personen, die Ideen symbolisieren. In den *Sechs Perso-*

nen ist das schmerzhafte Schicksal, das sie darstellen, nur ein Vorwand, der verzerrt wird: Stattdessen werden wir Zeuge des wirklichen Ideendramas, der subjektiven Phantome, die im Kopf eines Autors gestikulieren. Der Versuch der Entmenschlichung ist sehr deutlich und die Möglichkeit sie zu erreichen, ist in diesem Fall bewiesen. Gleichzeitig wird deutlich, wie schwierig es für das Publikum ist, seine Sichtweise auf diese umgekehrten Perspektive einzustellen. Es ist auf der Suche nach dem menschlichen Drama, das das Stück ständig verzerrt, entfernt und ironisiert, indem es an seine Stelle — also in den Vordergrund — die theatralische Fiktion selbst stellt. Das Publikum ist irritiert, weil es getäuscht wird, und nicht weiß, wie es sich dem köstlichen Betrug der Kunst hingeben soll, der umso exquisiter ist, je besser er seine betrügerische Beschaffenheit offenbart.

Bildersturm

Es scheint nicht übertrieben zu sagen, dass die plastischen Künste des neuen Stils eine regelrechte Abscheu vor lebenden Formen oder Lebewesen enthüllt haben. Das Phänomen wird vollends deutlich, wenn man die Kunst dieser Jahre mit jener Zeit vergleicht, in der die Malerei und die Bildhauerei aus der gotischen Disziplin wie aus einem Alptraum auftauchen und die große weltliche Ernte der Renaissance einbringen. Pinsel und Meißel erfreuen sich lustvoll daran, dem Muster zu folgen, das das tierische oder pflanzliche Vorbild in seinem morbiden Fleisch vorgibt, in dem die Vitalität pulsiert. Es ist egal, um welche Wesen es sich handelt, solange das

Leben in ihnen seinen dynamischen Pulsschlag entfaltet. Und aus dem Gemälde oder der Skulptur ergießt sich die organische Form über das Ornament. Es ist die Zeit der Füllhörner, der Quellen des stürmischen Lebens, die den Raum mit ihren prallen und reifen Früchten zu überschwemmen drohen.

Warum hat der Künstler von heute eine Abscheu davor, der morbiden Linie des lebenden Körpers zu folgen und ersetzt sie durch das geometrische Schema? Alle Irrtümer und sogar Betrügereien des Kubismus können die Tatsache nicht verdecken, dass wir seit einiger Zeit einer Sprache der reinen euklidischen Formen frönen.

Das Phänomen wird noch komplexer, wenn man bedenkt, dass sich diese Wut des plastischen Geometrismus periodisch durch die Geschichte zieht. Schon in der Entwicklung der prähistorischen Kunst sehen wir, dass die Sensibilität zunächst nach der lebendigen Form sucht und schließlich erschrocken oder angewidert von ihr abweicht und sich in abstrakten Zeichen sammelt, den letzten Überresten belebter oder kosmischer Figuren. Die Schlange wird zum Mäander stilisiert, die Sonne zur Swastika. Manchmal steigert sich diese Abscheu vor der lebendigen Form zu Hass und führt zu öffentlichen Konflikten. Die Revolution gegen die Bilder des östlichen Christentums, das semitische Verbot der Darstellung von Tieren — das dem Instinkt der Männer, die die Höhle von Altamira schmückten, zuwiderlief — haben zweifellos neben ihrer religiösen Bedeutung auch eine Wurzel im ästhetischen Empfinden, dessen späterer Einfluss auf die byzantinische Kunst offensichtlich ist.

Es wäre höchst interessant, die Eruptionen des Ikonoklasmus, die in der Religion und in der Kunst immer wieder auftauchen, genau zu untersuchen. In der neuen Kunst ist diese seltsame ikonoklastische Stimmung offensichtlich am Werk, und ihr Motto könnte durchaus jenes Gebot des Porphyr sein, das, von den Manichäern adaptiert, der heilige Augustinus so oft bekämpfte: *Omne corpus fugiendum est.* Und es ist klar, dass es sich auf den lebendigen Körper bezieht — eine merkwürdige Umkehrung der griechischen Kultur, die in ihrer Blütezeit so angetan von den lebendigen Formen war!

Negativer Einfluss der Vergangenheit

Wie ich bereits sagte, beschränkt sich die Absicht dieses Aufsatzes darauf, die neue Kunst anhand einiger ihrer charakteristischen Merkmale darzustellen. Aber diese Absicht steht wiederum im Dienst einer größeren Neugierde, die diese Seiten nicht zu befriedigen vermögen, und überlässt es dem Leser, sie zu spüren und sich ihr in seiner privaten Betrachtung zu überlassen. Ich beziehe mich auf das Folgende.

An anderer Stelle habe ich darauf hingewiesen,[20] dass die Kunst und die reine Wissenschaft, gerade weil sie die freiesten Tätigkeiten sind und am wenigsten den sozialen Bedingungen der jeweiligen Epoche unterworfen, die ersten Orte sind, an denen sich eine Veränderung des kollektiven Empfindens abzeichnen kann. Wenn der Mensch seine Einstellung zum Leben radikal ändert, beginnt er, sein neues Temperament im künstlerischen Schaffen und in seinen ideologischen Ausstrahlungen zu manifestieren. Die Subtilität

20 Siehe mein Werk *El tema de nuestro tiempo.*

beider Bereiche macht sie unendlich empfänglich für den kleinsten Hauch der geistigen Passatwinde. So wie wir im Dorf, wenn wir morgens den Balkon öffnen, den Rauch aus den Häusern betrachten, um den Wind zu erahnen, der den Tag beherrschen wird, so können wir die Kunst und die Wissenschaft der neuen Generationen mit einer ähnlichen meteorologischen Neugierde betrachten.

Doch dazu ist es unumgänglich, zunächst das neue Phänomen zu definieren. Erst dann können wir uns fragen, für welchen neuen allgemeinen Lebensstil es ein Symptom und Vorzeichen ist. Die Antwort würde voraussetzen, dass man die Ursachen dieses seltsamen Wandels in der Kunst herausfindet, was ein zu ernstes Vorhaben wäre, um es hier zu verwirklichen. Warum dieser Drang zur »Entmenschlichung«, warum diese Abscheu vor lebenden Formen? Wahrscheinlich hat er, wie alle historischen Phänomene, zahllose Wurzeln, deren Erforschung den feinsten Geruchssinn erfordert.

Was auch immer die anderen Ursachen sein mögen, eine Ursache ist klar, auch wenn sie nicht den Anspruch erhebt, die entscheidende zu sein.

Der Einfluss, den die Vergangenheit auf die Zukunft der Kunst hat, ist kaum zu überschätzen. Im Inneren des Künstlers gibt es immer einen Zusammenstoß oder eine chemische Reaktion zwischen seiner ursprünglichen Sensibilität und der Kunst, die bereits geschaffen wurde. Er steht nicht allein vor der Welt, in seinen Beziehungen zu ihr schreitet immer die künstlerische Tradition wie ein ein Dragoman. Wie fällt die Reaktion zwischen dem ursprünglichen Gefühl und den schönen Formen der Vergangenheit aus? Sie kann positiv oder negativ sein. Der Künstler fühlt sich mit der Vergangenheit verbunden und sieht sich als ihr Abkömmling, der sie erbt und perfektioniert — oder aber er empfindet auf die eine oder andere Weise eine spontane, undefinierbare Abneigung gegen die traditionellen, aktuellen, herrschenden Künstler. Und so wie er im ersten Fall Wollust empfindet, indem er sich in die Form der gebräuchlichen Konventionen einfügt und einige ihrer vorgegebenen Gesten wiederholt, schafft er im zweiten Fall nicht nur ein Werk, das sich von den bisherigen unterscheidet, sondern dieselbe Wollust wird diesem Werk einen aggressiven Charakter gegenüber den angesehenen Normen verleihen.

Dies wird häufig vergessen, wenn wir vom Einfluss des Gestern auf das Heute sprechen. Es war schon immer leicht, in den Werken jeder Epoche den Wunsch zu erkennen, mehr oder weniger denen einer früheren Epoche zu ähneln. Andererseits scheint es fast allen schwerzufallen, den negativen Einfluss der Vergangenheit zu erkennen und sich bewusst zu machen, dass ein neuer Stil oft durch die bewusste und freudige Verneinung der traditionellen Stile entstanden ist.

Und es stellt sich heraus, dass die Entwicklung der Kunst von der Romantik bis heute nicht verstanden werden kann, ohne dieses negative Temperament, diese Aggressivität und den Spott der antiken Kunst als Faktor des ästhetischen Genusses zu berücksichtigen. Baudelaire erfreut sich an der schwarzen Venus, gerade weil die klassische Venus weiß ist. Seitdem haben die aufeinanderfolgenden Stile die Dosis an negativen und blasphemischen Ingredienzien, in denen sich die Tradition lustvoll wiederfand, so weit erhöht, dass die Konturen der neuen Kunst heute fast nur noch aus reinen Negationen der alten Kunst bestehen. Und das ist verständlich. Wenn sich eine Kunst über viele Jahrhunderte hinweg kontinuierlich weiterentwickelt hat, ohne dass es zu ernsthaften Unterbrechungen oder historischen Katastrophen gekommen ist, wird das Geschaffene allmählich überladen und die dichte Tradition erdrückt die Inspiration der Gegenwart. Oder anders ausgedrückt: Zwischen der Welt und dem Künstler, der geboren wird, unterbricht ein immer größerer Umfang an traditionellen Stilen die direkte und ursprüngliche Kommunikation. Es gibt dann zwei Möglichkeiten: Entweder die Tradition verdrängt alle originale Kraft — das war der Fall in Ägypten, Byzanz und dem gesamten Orient — oder die Anziehungskraft der Vergangenheit auf die Gegenwart muss ihr Vorzeichen ändern, und es muss einen langen Zeitraum geben, in dem sich die neue Kunst allmählich von der alten heilt, die sie erstickt. Dies war der Fall bei der europäischen Seele, in der ein futuristischer Instinkt gegenüber dem unabänderlichen Traditionalismus und der Verehrung der Vergangenheit des Orients vorherrscht.

Vieles von dem, was ich als »Entmenschlichung« und Abscheu gegenüber lebenden Formen bezeichnet habe, stammt aus dieser Antipathie gegenüber der traditionellen Interpretation der Realitäten. Die Heftigkeit des Angriffs steht in direktem Zusammenhang mit der jeweiligen Entfernung. Deshalb ist das, was die Künstler von heute am meisten abstößt, die vorherrschende Manier des letzten Jahrhunderts, obwohl in ihr schon viel Opposition gegen ältere Stile steckt. Andererseits heuchelt die neue Sensibilität eine verdächtige Sympathie für die zeitlich und räumlich entferntere Kunst, für prähistorische und wilde Exotik. Um die Wahrheit zu sagen, was jene an diesen frühen Werken gefällt, ist — mehr als die Werke selbst — ihre *Naivität*, das heißt das Fehlen einer Tradition, die noch nicht gebildet worden war.

Wenn wir nun einen Blick auf die Frage werfen, welche Art von Leben für diesen Angriff auf die Vergangenheit der Kunst symptomatisch ist, so begegnet uns eine seltsame Vision von gigantischem Drama. Denn die Kunst der Vergangenheit so allgemein anzugreifen, heißt ja, gegen die Kunst selbst zu rebellieren, denn was ist Kunst konkret, wenn nicht die Kunst, die bis jetzt geschaffen wurde?

Aber ist es denn so, dass unter der Maske der Liebe zur reinen Kunst ein Abscheu vor der Kunst, ein Hass auf die Kunst lauert? Wie ist das möglich? Der Hass auf die Kunst kann nur dort entstehen, wo auch der Hass auf die Wissenschaft, der Hass auf den Staat, kurz, der Hass auf die Kultur insgesamt aufkeimt. Ist es so, dass in der Brust der Europäer ein unvorstellbarer Groll gegen ihr eigenes historisches Wesen gärt, so etwas wie das *odium professionis*, das den Mönch nach langen Jahren im Kloster befällt, eine Abneigung gegen seine Disziplin, gegen die Regel selbst, die sein Leben bestimmt hat?[21]

Dies ist der richtige Moment, um den Stift zu heben und einen Schwarm von Fragen wie Kraniche fliegen zu lassen.

21 Es wäre interessant, die psychologischen Mechanismen zu analysieren, durch die die Kunst von gestern negativen Einfluss auf die Kunst von morgen nimmt. Vorläufig gibt es einen eindeutigen: Überdruss. Die bloße Wiederholung eines Stils stumpft ab und ermüdet die Sensibilität. Wölfflin hat in seinen *Kunstgeschichtlichen Grundbegriffen* gezeigt, welche Kraft die Ermüdung immer freigesetzt hat, um die Kunst zu mobilisieren und sie zu zwingen, sich zu verändern. Das gilt umso mehr für die Literatur. Cicero formulierte »lateinisch sprechen« noch als *latine loqui*; im 5. Jahrhundert sagte Sidonius Apollinaris stattdessen *latialiter insusurrare*. Zu viele Jahrhunderte, um das Gleiche auf die gleiche Weise zu sagen.

Ironisches Schicksal

Es wurde bereits gesagt, dass der neue Stil im weitesten Sinne darin besteht, die »menschlichen, allzumenschlichen« Bestandteile zu entfernen und nur das rein Künstlerische beizubehalten. Dies scheint auf eine große Begeisterung für die Kunst hinzudeuten. Betrachtet man dieselbe Tatsache jedoch aus einem anderen Blickwinkel, so findet man darin einen entgegengesetzten Aspekt, der auf Überdruss oder Verachtung hinweist. Der Widerspruch ist offensichtlich, und es ist sehr wichtig, ihn zu unterstreichen. Zusammengefasst würde dies bedeuten, dass die neue Kunst ein zweideutiges Phänomen ist, was nicht verwunderlich ist, denn zweideutig sind fast alle großen Ereignisse der letzten Jahre. Es würde genügen, die politischen Ereignisse in Europa ein wenig zu analysieren, um in ihnen den gleichen zweideutigen Charakter zu finden.

Dieser Widerspruch zwischen Liebe und Hass für denselben Gegenstand wird jedoch etwas gemildert, wenn man sich das künstlerische Schaffen dieser Zeit genauer ansieht.

Die erste Folge des Rückzugs der Kunst auf sich selbst ist, dass sie jegliches Pathos verliert. In der mit »Menschlichkeit« aufgeladenen Kunst war der dem Leben innewohnende ernste Charakter spürbar. Die Kunst war eine sehr ernste, fast hieratische Sache. Manchmal beanspruchte sie sogar, das Menschengeschlecht zu retten, wie bei Schopenhauer und Wagner. Jetzt kann es jeden, der darüber nachdenkt, nur überraschen, dass die neue Inspiration immer unfehlbar komisch ist. Alles dies erklingt auf dieser einen Saite und in diesem einen Ton. Die Komik wird sich in mehr oder weniger brutalen Formen manifestieren und von offener Clownerie bis zum leichten ironischen Augenzwinkern reichen, aber sie wird nie fehlen. Und es geht nicht darum, dass der Inhalt des Werks komisch ist — das hieße, in einen Modus oder eine Kategorie des »menschlichen« Stils zu fallen —, sondern dass die Kunst, unabhängig vom Inhalt, sich selbst zum Witz macht. Die Fiktion als Fiktion zu begehren, ist, wie ich bereits angedeutet habe, ein Ziel, das nur mit einer heiteren Seele erreicht werden kann. Man beschäftigt sich mit Kunst, gerade weil sie als Farce erkannt wird. Das ist es, was das Verständnis junger Kunstwerke durch ernsthafte Menschen mit einer weniger zeitgenössischen Sensibilität am meisten stört. Sie halten die Malerei und Musik der Neulinge für eine reine »Farce« —im schlechten Sinne des Wortes — und lassen die Möglichkeit nicht zu, dass jemand in der Farce die radikale Mission der Kunst und ihr segensreiches Bedürfnis sieht. Es wäre eine »Farce« — im schlechten Sinne des Wortes —, wenn der Künstler von heute vorgäbe, mit der »ernsten« Kunst der Vergangenheit zu konkurrieren, und ein kubistisches Gemälde die gleiche pathetische, fast religiöse Bewunderung hervorrufen würde wie eine Statue von Michelangelo. Aber der Künstler von heute lädt uns ein, Kunst zu betrachten, die ein Witz ist, die sich im Grunde selbst verspottet. Darin liegt nämlich die Komik seiner Inspiration. Anstatt über jemanden oder etwas zu lachen — ohne Opfer gibt es keine Komödie — macht die neue Kunst die Kunst selbst lächerlich.

Und wenn man nicht auffallen möchte, darf man nicht zu viel Aufhebens darum machen. Nie zeigt die Kunst ihre magische Gabe besser als in dieser Selbstverspottung. Denn in der Geste der Selbstvernichtung ist sie immer noch Kunst, und durch eine wunderbare Dialektik bedeutet ihre Verneinung ihre Erhaltung und ihren Sieg.

Ich bezweifle sehr, dass sich ein junger Mensch heute für einen Vers, einen Pinselstrich, einen Klang interessieren kann, der nicht auch eine ironische Reflexion in sich trägt.

Schließlich ist dies als Idee und Theorie nicht ganz neu. Im frühen 19. Jahrhundert proklamierte eine Gruppe deutscher Romantiker unter der Führung der Schlegels die Ironie als höchste ästhetische Kategorie, und zwar aus Gründen, die mit der neuen Intention der Kunst übereinstimmen. Die Kunst ist nicht gerechtfertigt, wenn sie die Realität lediglich abbildet und sie vergeblich versucht zu duplizieren. Ihre Aufgabe ist es, einen irrealen Horizont zu erwecken. Um dies zu erreichen, gibt es kein anderes Mittel als die Verleugnung unserer Realität, indem wir uns durch diesen Akt über sie stellen. Künstler zu sein bedeutet, den sehr ernsten Menschen, der wir sind, wenn wir keine Künstler sind, nicht ernst zu nehmen.

Es ist klar, dass dieses Schicksal, in dem die Ironie unvermeidlich ist, der neuen Kunst einen monotonen Anstrich verleiht, der selbst den Geduldigsten zur Verzweiflung bringen kann. Zugleich aber nivelliert dies den Widerspruch zwischen Liebe und Hass, auf den ich vorhin hingewiesen habe. Der Groll richtet sich gegen die Kunst als Ernst; die Liebe jedoch gegen die siegreiche Kunst als Farce, die über alles triumphiert, auch über sich selbst, so wie in einem System von Spiegeln, die sich unendlich ineinander reflektieren, wo keine Form die letzte ist, wo alle verhöhnt und zum reinen Bild gemacht werden.

Die Bedeutungslosigkeit der Kunst

All dies kondensiert zum akutesten, ernstesten, tiefsten Symptom der jungen Kunst, zu einem sehr seltsamen Zug der neuen ästhetischen Sensibilität, der eine sorgfältige Betrachtung erfordert. Darüber zu sprechen ist sehr heikel, unter anderem deshalb, weil es zu formulieren sehr schwierig ist.

Für die Menschen der jüngsten Generation ist die Kunst ohne Transzendenz. Nachdem ich diesen Satz geschrieben habe, bin ich entsetzt, wenn ich seine unzähligen verschiedenen Bedeutungen sehe. Denn es ist nicht so, dass die Kunst irgendeinem Menschen von heute als unwichtig oder weniger wichtig erscheint als dem Menschen von gestern, sondern dass der Künstler selbst seine Kunst als ein unwichtiges Werk ansieht. Aber auch dies beschreibt die wahre Situation nicht genau. Denn es ist nicht so, dass der Künstler sich nicht für sein Werk und seine Beschäftigung interessiert, sondern dass er sich gerade deshalb dafür interessiert, weil sie keine ernsthafte Bedeutung haben, und gerade in dem Maße, in dem es ihnen daran fehlt. Man versteht die Sache nicht richtig, wenn man die Kunst nicht im Vergleich zu dem sieht, was sie vor dreißig Jahren und während des gesamten letzten Jahrhunderts war. Poesie oder Musik waren damals Tätigkeiten von enormem Kaliber; man erwartete von ihnen nicht weniger als die Rettung der menschlichen Gattung angesichts des Untergangs der Religionen und des unausweichlichen Relativismus der Wissenschaft. Die Kunst war in einem doppelten Sinne transzendent. Sie war transzendent in ihrem Inhalt, der oft aus den tiefsten Problemen der Menschheit bestand, und sie war transzendent in sich selbst, als eine menschliche

Kraft, die der Gattung Rechtfertigung und Würde verlieh. Man sah die erhabenen Gesten, mit denen der große Dichter und der geniale Musiker vor den Massen auftrat, die Geste eines Propheten oder eines Religionsgründers, die majestätische Gebärde eines Staatsmannes, der für die Geschicke der Welt verantwortlich ist.

Ich vermute, dass ein Künstler von heute Angst davor hätte, mit einer so riesigen Aufgabe betraut zu werden und sich in seinem Werk mit Themen beschäftigen zu müssen, die solche Auswirkungen haben können. Er fängt gerade dann an, künstlerische Früchte zu schmecken, wenn er merkt, dass die Luft ihre Ernsthaftigkeit verliert und die Dinge beginnen, leichtfüßig zu springen, frei von Formalitäten. Diese universelle Pirouette ist für ihn das wahre Zeichen der Existenz der Musen. Wenn man sagen kann, dass die Kunst den Menschen rettet, dann nur, weil sie ihn vor dem Ernst des Lebens bewahrt und in ihm eine unerwartete Kindlichkeit weckt. Pans Zauberflöte, die die Ziegen am Waldrand tanzen lässt, ist ein Symbol der Kunst.

Jede neue Kunst ist verständlich und gewinnt eine gewisse Hoheit, wenn sie als Versuch verstanden wird, in einer alternden Welt Kindlichkeit zu wecken. Andere Stile waren gezwungen, sich mit dramatischen sozialen und politischen Bewegungen oder mit tiefgreifenden philosophischen oder religiösen Strömungen zu verbinden. Der neue Stil hingegen will unbedingt mit dem Triumph von Sport und Spiel in Verbindung gebracht werden. Es handelt sich um zwei verwandte Ereignisse, die denselben Ursprung haben.

Innerhalb weniger Jahre haben wir erlebt, wie eine Flut des Sports auf den Titelseiten der Zeitungen anstieg und fast alle Karavellen des Ernstes zerstörte. Die Feuilletons drohen in den titelgebenden

Abgrund zu stürzen, und an der Oberfläche wricken die Regatta-Yachten siegreich voran. Der Kult des Körpers ist immer ein Symptom kindlicher Inspiration, denn er ist nur in seiner Jugend schön und beweglich, während der Kult des Geistes den Willen zum Alter anzeigt, denn er erreicht seine Fülle erst, wenn der Körper seinen Höhepunkt überschritten hat. Der Triumph des Sports bedeutet den Sieg der Werte der Jugend über die Werte des Alters. Das Gleiche gilt für den Kinematographen, der die Kunst des Körpers schlechthin darstellt.

In meiner Generation genossen die Sitten des Alters noch großes Ansehen. Der Junge sehnte sich danach, so schnell wie möglich kein Junge mehr zu sein, und zog es vor, den müden Gang des alten Mannes zu imitieren. Heute bemühen sich Jungen und Mädchen, ihre Kindheit zu verlängern, und junge Männer, ihre Jugend zu bewahren und zu betonen. Es besteht kein Zweifel: Europa tritt in eine Phase der Kindlichkeit ein.

Dieses Ereignis sollte nicht überraschen. Die Geschichte bewegt sich nach großen biologischen Rhythmen. Ihre größten Mutationen können nicht auf sekundäre Ursachen oder Details zurückgehen, sondern auf sehr elementare Faktoren, auf primäre Kräfte kosmischer Art. Es wäre gut, wenn die großen und polaren Unterschiede der Lebewesen, wie Geschlecht und Alter, nicht jeweils auch einen großen Einfluss auf die Entwicklung der Zeiten ausüben würden. Und in der Tat ist es leicht festzustellen, dass die Geschichte rhythmisch von einem Pol zum anderen ausschlägt, indem sie in manchen Epochen die männlichen und in anderen die weiblichen Eigenschaften überwiegen lässt oder mal die jungen und mal die reifen oder alten Menschen hervorhebt.

Das Gesicht, das das europäische Leben in jeder Hinsicht annimmt, kündigt eine Zeit der Männlichkeit und der Jugend an. Frauen und alte Männer werden für eine gewisse Zeit die Herrschaft über das Leben an junge Männer abtreten müssen, und es ist nicht verwunderlich, dass die Welt ihre Formalität zu verlieren scheint.

Alle Merkmale der neuen Kunst lassen sich in ihrer Bedeutungslosigkeit zusammenfassen, die in nichts anderem besteht als in der Tatsache, dass die Kunst ihren Platz in der Hierarchie der menschlichen Anliegen oder Interessen verändert hat. Diese lassen sich als eine Reihe von konzentrischen Kreisen darstellen, deren Radius den dynamischen Abstand zur Achse unseres Lebens misst, wo unsere höchsten Anliegen am Werk sind. Dinge aller Art — lebenswichtige oder kulturelle — drehen sich auf diesen verschiedenen Bahnen, mehr oder weniger angezogen vom Lebenszentrum des Systems. Nun, ich würde sagen, dass die Kunst, die früher —wie die Wissenschaft oder die Politik — sehr nahe an der Begeisterungsachse lag und die Grundlage unserer Person war, sich an die Peripherie verschoben hat. Sie hat nichts von ihren äußeren Attributen verloren, aber sie hat sich entfernt, ist zweit rangig und von geringerem Gewicht geworden.

Entgegen der landläufigen Meinung ist das Streben nach reiner Kunst kein Zeichen von Hochmut, sondern im Gegenteil von großer Bescheidenheit. Wenn die Kunst vom menschlichen Pathos befreit ist, bleibt sie ohne jegliche Transzendenz — als Kunst allein, ohne jeden weiteren Ansprüche.

Schluss

Isis Myrionyma — Isis mit den zehntausend Namen, so nannten die Ägypter ihre Göttin. Dasselbe könnte man von der Realität sagen. Ihre Bestandteile, ihre Züge sind zahllos. Ist es nicht dreist, mit nur einigen wenigen Bezeichnungen eine Sache definieren zu wollen, wie bescheiden sie auch sein mag? Es wäre ein bemerkenswerter Zufall, wenn die Notizen, die wir aus unendlichen Möglichkeiten wählen, sich als die entscheidenden herausstellen würden. Die Unwahrscheinlichkeit wächst, wenn es sich um eine entstehende Realität handelt, die ihre Bahn durch den Weltraum erst beginnt.

Es ist daher sehr wahrscheinlich, dass dieser Versuch, die neue Kunst zu definieren, nichts anderes als Irrtümer enthält. Nachdem ich ihn in diesem Band beendet habe, bin ich neugierig und hoffe, dass ihm noch weitere, genauere folgen werden. Wir werden in der Lage sein, die zehntausend Namen unter vielen aufzuteilen.

Aber es wäre ein doppelter Fehler, wenn ich ihn korrigieren würde, indem ich nur einen Teilaspekt anspreche, der in dieser Anatomie nicht enthalten ist. Künstler verfallen oft diesem Fehler, wenn sie über ihre Kunst sprechen, und treten nicht weit genug zurück, um die Tatsachen umfassend zu betrachten. Es kann jedoch kein Zweifel daran bestehen, dass die der Wahrheit am nächsten kommende Formel diejenige ist, die in der einheitlichsten und harmonischsten Wendung für die größte Anzahl von Einzelheiten gilt und, wie auf dem Webstuhl, mit einem einzigen Schuss tausend Fäden verbindet.

Mich hat einzig und allein die Freude am Versuch zu verstehen angetrieben — weder Wut noch Begeisterung. Ich habe versucht, den Sinn neuer künstlerischer Absichten zu ergründen, und das setzt natürlich eine wohlwollende Geisteshaltung voraus. Aber ist es überhaupt möglich, sich mit einem Thema auf andere Weise zu befassen, ohne es zur Unfruchtbarkeit zu verdammen?

Man kann wohl sagen, dass die neue Kunst bisher nichts Wertvolles hervorgebracht hat, und ich bin nahe daran, dasselbe zu denken. Ich habe versucht, aus den jungen Werken ihre Intention herauszulesen, die ja das Gehaltvolle daran ist, und habe mich nicht um ihre Umsetzung gekümmert. Wer weiß, was dieser aufkeimende Stil erzeugen wird! Das Unterfangen, das er unternimmt, ist fabelhaft — er will aus dem Nichts schöpfen. Ich hoffe, dass er sich künftig mit weniger begnügen und stattdessen mehr ins Ziel treffen wird.

Doch bei allen Fehlern gibt es einen Punkt, der meines Erachtens in der neuen Position unerschütterlich ist: die Unmöglichkeit des Rückschritts. Alle Einwände gegen die Inspiration dieser Künstler mögen richtig sein, aber sie sind kein ausreichender Grund, sie zu verurteilen. Zu den Einwänden sollte noch etwas hinzukommen: die Andeutung eines anderen Weges für die Kunst, der weder entmenschlichend ist noch die gewohnten und missbrauchten Arten reproduziert.

Es ist sehr leicht zu verkünden, dass Kunst innerhalb der Tradition immer möglich ist. Aber diese bequeme Phrase nützt dem Künstler nichts, der mit Pinsel oder Stift in der Hand auf eine konkrete Inspiration wartet.

Gedanken über den Roman

Vor einiger Zeit veröffentlichte Pío Baroja[22] einige Bemerkungen über seinen jüngsten Roman *Las figuras de cera*. Dort weist er darauf hin, dass er sich mit der Technik des Romans befassen wird und sich nun daran gemacht hat, ein Buch des langsamen Tempos zu schreiben, wie ich es nenne. Baroja spielt hier auf einige Gespräche an, die wir über den aktuellen Zustand des Romans als literarische Gattung geführt haben. Obwohl ich mich in Bezug auf Romane für eher ungebildet halte, ist es mir oft in den Sinn gekommen, über die Anatomie und Physiologie dieser imaginären Körper nachzudenken, die die charakteristischste poetische Faune der letzten hundert Jahre gebildet haben. Hätte ich gesehen, dass andere, dazu besser qualifizierte Personen, Romanautoren und Literaturkritiker, ihre Ansichten zu diesem Thema mitteilten, hätte ich mich nicht getraut, diese Gedanken zu veröffentlichen, die mich von Zeit zu Zeit überkamen. Aber angesichts des Fehlens umfassenderer Erwägungen sind die folgenden Ideen, die ich hier nur grob skizziere und mit denen ich niemanden indoktrinieren will, vielleicht von Nutzen.

Niedergang des Romans

Die Verlage beschweren sich, dass der Markt für Romane zurückgeht. In der Tat werden weniger Romane verkauft als früher, und gleichzeitig steigt die Nachfrage nach Büchern mit ideologischem

22 In der Zeitung *El Sol*. Auf meine vorliegenden Anmerkungen antwortete er mit einem theoretischen Prolog, den er dem Roman *La nave de los locos* voranstellte.

Inhalt. Gäbe es keine anderen, immanenten Gründe für den Niedergang dieser literarischen Gattung, würde allein diese Statistik schon ausreichen, um ihn nahezulegen. Wenn ich höre, dass ein Freund von mir, vor allem ein junger Schriftsteller, einen Roman schreibt, bin ich erstaunt über den ruhigen Ton, in dem er das sagt, und glaube, dass ich an seiner Stelle zittern würde. Vielleicht zu Unrecht, aber ich kann nicht umhin, unter dieser Gelassenheit eine große Menge an Gedankenlosigkeit zu vermuten. Denn es war schon immer sehr schwierig, einen guten Roman zu schreiben. Aber früher reichte es aus, Talent zu haben, um es zu schaffen. Heute ist die Schwierigkeit ins Unermessliche gewachsen, weil es nicht mehr ausreicht, Schreibtalent zu haben, um einen guten Roman zu schreiben.

Allein dies nicht zu erkennen, ist Bestandteil jener Gedankenlosigkeit, von der ich spreche. Wer nicht zugibt, dass sich eine literarische Gattung ausschöpfen kann, hat sich wenig Gedanken über die Bedingungen des künstlerischen Schaffens gemacht. Die Annahme, dass das künstlerische Schaffen nur von jener subjektiven und individuellen Fähigkeit abhängig sei, die man als Inspiration oder Talent bezeichnet, verbirgt den Wunsch, sich selbst zu täuschen und dieser Frage auszuweichen. Demnach bestünde der Niedergang einer Gattung ausschließlich in der zufälligen Abwesenheit von genialen Männern. Das plötzliche Auftauchen eines Genies würde zu jedem Zeitpunkt automatisch die Wiederbelebung der verfallensten Gattung bewirken.

Aber Genialität und Inspiration sind Zauberkunst, die für diejenigen, die sich eine klare Vision verschaffen möchten, von begrenztem Nutzen ist. Stellen wir uns einen genialen Holzfäller in der Sahara vor. Er hat keine Verwendung für seine elastischen

Muskeln und seine scharfe Axt. Der Holzfäller ohne einen zu fällenden Wald ist eine Abstraktion. Das Gleiche gilt für die Kunst. Talent ist nur eine subjektive Veranlagung, welche auf eine Materie ausgeübt wird. Diese ist jedoch unabhängig von der individuellen Begabung, und wenn sie fehlt, nützen Genie und Können nichts.

Jedes literarische Werk gehört einer Gattung an, so wie jedes Tier einer Spezies angehört (Croces Idee, die die Existenz von Kunstgattungen leugnet, hat in der ästhetischen Theorie überhaupt keine Spuren hinterlassen). Und sowohl die künstlerische Gattung als auch die zoologische Spezies implizieren ein begrenztes Repertoire an Möglichkeiten. Da aber aus künstlerischer Sicht nur die Möglichkeiten zählen, die sich so sehr voneinander unterscheiden, dass sie nicht als die Wiederholung einer anderen gelten können, folgt daraus, dass die künstlerische Gattung ein sehr begrenztes Arsenal an Möglichkeiten bietet.

Es wäre ein Fehler, den Roman — und damit meine ich vor allem den modernen Roman — als eine unendliche Sphäre darzustellen, aus der immer neue Formen entnommen werden können. Es wäre besser, ihn sich als einen Steinbruch mit einem riesigen, aber endlichen Schoß vorzustellen. Es gibt eine bestimmte Anzahl möglicher Themen für den Roman. Die Arbeiter der frühen Tage fanden ohne Schwierigkeiten neue Blöcke, neue Figuren und neue Themen. Die Arbeiter von heute hingegen stellen fest, dass nur noch kleine, tiefe Steinadern übrig sind.

Auf diesem Repertoire objektiver Möglichkeiten, das heißt der Gattung, beruht das Talent. Und wenn der Steinbruch erschöpft ist, kann das Talent, so groß es auch sein mag, nichts mehr ausrichten. Sicherlich kann man nie mit mathematischer Strenge sagen, dass eine Gattung vollständig ausgeschöpft ist; aber man kann es manchmal mit ausreichender, praktischer Annäherung sagen. Zumindest kann man gelegentlich mit Gewissheit behaupten, dass es einen Mangel an Materie gibt.

Meiner Einschätzung nach ist es genau das, was heute mit dem Roman geschieht. Es ist praktisch unmöglich, neue Themen zu finden. Dies ist der erste Faktor für die enorme objektive und nicht persönliche Schwierigkeit, in diesem historischen Moment einen akzeptablen Roman zu verfassen.

Eine gewisse Zeit lang konnten Romane allein von der Neuartigkeit ihrer Themen leben. Jede Neuheit erzeugt mechanisch, wie die Öffnung eines Stromkreises, einen gewissen induzierten Strom, der den Wert des Materials unbegründet erweitert. Das ist der Grund, warum viele Romane zuerst lesbar schienen, aber heute unerträglich sind. Nicht ohne Grund heißt die Gattung »novela« (Roman), das heißt »novedad« (Neuheit). Neben der Schwierigkeit, neue Themen zu finden, gab es eine weitere, im Grunde noch schwerwiegendere Problematik. In dem Maße, wie der Schatz an möglichen Themen ans Licht kam, wurde die Sensibilität des Publikums rigoroser und anspruchsvoller. Was es vorgestern noch akzeptiert hätte, schmeckte ihm gestern nicht mehr. Es brauchte ungewöhnlichere, »neuere« und qualitativ bessere Themen. Parallel zur Erschöpfung der neuen Themen wächst also die Nachfrage nach »neueren« Themen, bis die Fähigkeit des Lesers, sich beeindrucken zu lassen, abgestumpft ist. Dies ist der zweite Faktor der Schwierigkeit, die heute auf der gesamten Gattung lastet.

Der Beweis dafür, dass die gegenwärtige Dekadenz tiefere Gründe hat, die über die Frage hinausgehen, ob die heutigen Romane unbeholfen sind oder nicht, liegt in der Tatsache, dass, je schwieriger es wird, sie zu schreiben, die berühmten alten oder

»klassischen« Romane desto schlechter oder zumindest weniger gut erscheinen. Nur sehr wenige Werke sind vor dem Schiffbruch in der Langeweile des Lesers gerettet worden.

Dieses Phänomen ist unvermeidlich und sollte die Autoren nicht entmutigen. Ganz im Gegenteil. Denn letztlich folgt es aus der Tatsache, dass die Schriftsteller das Publikum nach und nach belehren, seine Wahrnehmung verschärfen und seinen Geschmack verfeinern. Jedes Werk, das noch gelungener ist als das vorherige, hebt dieses und alle anderen auf sein Niveau. Wie in der Schlacht der Sieger immer Sieger wird, indem er seine Feinde ermordet, so ist der Triumph in der Kunst grausam, und wenn ein Werk Erfolg hat, vernichtet es automatisch eine Vielzahl von zuvor geschätzten Werken.

Zusammenfassend bin ich der Meinung, dass die Gattung des Romans, wenn sie nicht hoffnungslos erschöpft ist, sich sicherlich in ihrer letzten Phase befindet und unter einem solchen Mangel an möglichen Themen leidet, dass der Schriftsteller dies durch die exquisite Qualität der anderen Zutaten, die für die Bildung eines Romanwerks erforderlich sind, kompensieren muss.

Autopsie

Abgesehen von dem einen oder anderen seiner Bücher, erscheint uns der große Balzac heute unausstehlich. Unser Augenapparat, der für eine genauere und authentischere Betrachtung geschaffen worden ist, entdeckt sofort den konventionellen, unechten Charakter, der in der Welt der *Comédie humaine* vorherrscht. Auf die Frage, warum ich Balzacs Werk für inakzeptabel halte (Balzac selbst ist als Individuum ein großartiges Exemplar der Menschheit), werde ich antworten: »Weil das Bild, das er mir anbietet, nur eine Kleckserei ist«. Was ist der Unterschied zwischen einer Kleckserei und einem guten Gemälde? In einem guten Gemälde ist der dargestellte Gegenstand sozusagen in Person, mit der ganzen Fülle seines Wesens und wie in absoluter Gegenwart vorhanden. In der Kleckserei hingegen ist der Gegenstand nicht anwesend, sondern es gibt nur ein paar dürftige und unwesentliche Andeutungen davon auf der Leinwand oder dem Papier. Je mehr wir sie betrachten, desto deutlicher wird die Abwesenheit des Gegenstands.

Diese Unterscheidung zwischen bloßer Anspielung und authentischer Anwesenheit ist meines Erachtens in der gesamten Kunst entscheidend, besonders aber im Roman.

Mit einigen dutzend Worten könnten wir das Thema von *Le Rouge et le Noir* ansprechen. Welcher Unterschied besteht zwischen dem angesprochenen Thema und dem Roman selbst? Es ist Unsinn zu sagen, dass der Unterschied im Stil liegt. Wichtig ist, dass wir mit der Aussage: »Madame Rênal verliebt sich in Julien Sorel« auf eben diese Tatsache anspielen, während Stendhal nicht darauf anspielt, nicht darauf verweist, sondern sie in ihrer unmittelbaren und offensichtlichen Realität darstellt.

Wirft man jedoch einen Blick auf die Entwicklung des Romans von seinen Anfängen bis heute, so stellt man fest, dass sich die Literaturgattung von der reinen Erzählung, die lediglich Andeutungen enthielt, zu einer strengen Darstellung entwickelt hat. Die Neuartigkeit des Themas mag es dem Leser anfänglich erlaubt haben, die reine Erzählung zu genießen. Er interessierte sich für das Abenteuer, so wie wir uns für die Schilderung dessen interessieren, was mit einem geliebten Menschen geschehen ist. Doch schon bald verloren die Themen ihren Reiz, und dann ist es nicht mehr so sehr das Schicksal oder das Abenteuer der Figuren, das uns begeistert, sondern ihre Anwesenheit. Es begeistert uns, sie direkt zu sehen, in ihr Inneres einzudringen, sie zu verstehen, in ihre Welt oder in ihre Atmosphäre einzutauchen. Aus der erzählenden oder indirekten ist die beschreibende oder direkte Gattung geworden. Vielleicht sollte man besser sagen: darstellend. In einem langen Roman von Emilia Pardo Bazán wird hundertmal gesagt, dass eine der Figuren sehr witzig ist; aber da wir nicht sehen, dass sie vor unseren Augen etwas Witziges tut, irritiert uns der Roman. Der Imperativ des Romans ist die Autopsie. Es ist nicht nötig, zu erzählen, was eine Figur ist: Wir müssen sie mit eigenen Augen sehen.

Bei den alten Romanen, die in der Wertschätzung verantwortungsbewusster Leser bewahrt wurden, wird man feststellen, dass sie alle die gleiche autoptische Methode verwenden. Vor allen anderen *Don Quijote*. Cervantes sättigt uns mit der bloßen Anwesenheit seiner Figuren. Wir werden Zeuge ihrer authentischen Unterhaltungen und sehen ihre tatsächlichen Bewegungen. Stendhals Tugend schöpft aus der gleichen Quelle.

Nicht definieren

Es ist daher unerlässlich, dass wir das Leben der Romanfiguren sehen und es vermeiden, darauf zu verweisen. Jeder Verweis, jede Beziehung, jede Erzählung unterstreicht nur die Abwesenheit dessen, worauf verwiesen wird, worauf man sich bezieht und wovon man erzählt. Wo die Dinge sind, braucht man sie nicht zu erzählen.

Der größte Fehler liegt also in der Definition der Romanfiguren durch den Autor.

Die Aufgabe der Wissenschaft ist es, Definitionen zu erarbeiten. Die ganze Wissenschaft besteht in dem methodischen Bemühen, vom Gegenstand wegzukommen und zu seinem Begriff zu gelangen. Nun ist der Begriff oder die Definition nichts anderes als eine Reihe von Konzepten, und das Konzept wiederum ist nichts anderes als die geistige Anspielung auf den Gegenstand. Der Begriff von Rot enthält überhaupt keine Rotheit; er ist lediglich eine Bewegung des Geistes in Richtung der sogenannten Farbe, ein Zeichen oder ein Hinweis in ihre Richtung.

Wundt hat gesagt – wenn ich mich recht erinnere –, dass die primitivste Form des Begriffs die zeigende Geste ist, die wir mit dem Zeigefinger ausführen. Das Kind beginnt mit dem Versuch, all die Dinge zu ergreifen, von denen es aufgrund seiner unzureichend entwickelten visuellen Perspektive glaubt, dass sie immer in seiner Nähe wären. Nach vielen Misserfolgen gibt es auf, die Dinge selbst zu ergreifen, und begnügt sich mit dem Keim des Greifens, der darin besteht, die Hand in einer hinweisenden Geste zum Gegenstand hin auszustrecken. Der Begriff ist in der Tat ein bloßes Zeigen oder Bezeichnen. Die Wissenschaft befasst sich nicht mit den Dingen, sondern mit dem System von Zeichen, das sie zu ersetzen vermag.

Die Mission der Kunst ist das Gegenteil, sie geht vom gewohnten Zeichen zur Sache selbst. Sie wird von einem großartigen Appetit angetrieben: zu sehen. Fiedler hat weitgehend Recht, wenn er sagt, dass der Zweck der Malerei nur darin besteht, uns eine umfassendere, vollständigere Sicht der Dinge zu vermitteln, als wir sie im täglichen Umgang mit ihnen erreichen.

Ich denke, das gilt auch für den Roman. Am Anfang dachte man vielleicht, dass das Wichtigste für den Roman seine Handlung ist. Dann wurde klar, dass es nicht darauf ankommt, was gesehen wird, sondern dass etwas Menschliches, was immer es ist, richtig gesehen werden sollte. Aus heutiger Sicht erscheint uns der frühe Roman in einer reineren Form erzählerischer als der jetzige. Aber das muss noch verfeinert werden. Vielleicht ist das ein Irrtum. Vielleicht war der primitive Romanleser wie das Kind, das in einer einfachen Skizze, in einem einfachen Umriss, glaubt, den Gegenstand mit kraftvoller Präsenz in seiner Gesamtheit zu sehen. (Die primitive plastische Kunst und verschiedene neue psychologische Entdeckungen von außerordentlicher Bedeutung beweisen dies). In diesem Fall hätte sich der Roman nicht wirklich verändert; seine beschreibende oder vielmehr darstellende Form wäre lediglich das neue Mittel, das eingesetzt werden müsste, um dieselbe Wirkung auf ein abgenutztes Empfinden zu erzielen, die vormals das Erzählen auf biegsamere Seelen ausgeübt hatte.

Wenn ich in einem Roman lese: »Peter war melancholisch«, dann ist es so, als ob der Autor mich einladen würde, die Melancholie von Peter in meiner Fantasie, ausgehend von seiner Definition, zu verwirklichen. Ich denke, dass das Gegenteil wirksamer ist: Er muss mir die sichtbaren Fakten geben, damit ich mich mit Vergnügen bemühen kann, Peter als melancholisches Wesen zu entdecken und zu definieren. Kurz gesagt, er muss es dem impressionistischen Maler gleichtun, der die notwendigen Zutaten auf die Leinwand bringt, damit ich einen Apfel sehen kann, und es mir überlässt, diesem Material seine endgültige Vollkommenheit zu verleihen. Daher der frische Geschmack, den die impressionistische Malerei stets ausstrahlt. Es scheint uns, dass wir die Gegenstände in der Malerei in einem immerwährenden *status nascens* sehen. Und jedes Ding hat in seinem Schicksal zwei Momente von höchster Dramatik und exemplarischer Dynamik: der Zeitpunkt seiner Geburt und der Zeitpunkt seines Todes oder seines *status evanescens*. Die nicht-impressionistische Malerei hat, ungeachtet ihrer anderen Tugenden, die vielleicht in einer höheren Größenordnung liegen als die der ersteren, den Nachteil, dass sie Gegenstände anbietet, die bereits völlig fertig, tot, hieratisch, mumifiziert und vergangen sind. Es fehlt ihr stets die Aktualität, die jüngste Präsenz der Dinge, die man in impressionistischen Werken sehen kann.

Der Roman, langsame Gattung

Demnach muss der Roman heute das Gegenteil der Kurzgeschichte sein. Die Kurzgeschichte ist eine bloße Erzählung von Ereignissen. Bei ihenen liegt der Schwerpunkt in der Physiologie der Kurzgeschichte. Die kindliche Frische interessiert sich für das Abenteuer als solches, vielleicht weil das Kind, wie ich angedeutet habe, mit offensichtlicher Präsenz sieht, was wir nicht verwirklichen können. Das Abenteuer interessiert uns heute nicht, oder es interessiert höchstens das innere Kind, das wir uns alle in Form eines etwas barbarischen Reliktes bewahren. Der Rest unserer Person nimmt nicht an der mechanischen Leidenschaft teil, die das Abenteuer des Fortsetzungsromans in uns weckt. Deshalb verspüren wir am Ende einen schlechten Geschmack im Mund, als hätten wir uns einem niederen und abscheulichen Vergnügen hingegeben. Es ist heute sehr schwierig, ein Abenteuer zu erfinden, das unsere höhere Sensibilität anspricht.

So wird das Abenteuer, die Handlung, nur zu einer reinen Ausrede und zu einem Faden, der die Perlen zu einer Kette zusammenfügt. Wir werden sehen, warum dieser Faden andererseits unverzichtbar ist. Doch nun möchte ich auf einen Fehler in der Analyse aufmerksam machen, der uns dazu bringt, die Langeweile beim Lesen eines Romans darauf zurückzuführen, dass seine »Handlung uninteressant« ist. Wäre dies der Fall, könnte man den Roman als Literaturgattung für tot erklären. Denn jeder, der ein wenig darüber nachdenkt, wird erkennen, dass es heute praktisch unmöglich ist, neue und interessante Handlungen zu erfinden.

Nein, es ist nicht die Handlung, die uns begeistert, es ist nicht die Neugier, herauszufinden, was mit Soundso passieren wird, die uns erfreut. Der Beweis dafür ist, dass die Handlung eines jeden Romans in sehr wenigen Worten dargestellt wird und uns daher nicht interessiert. Eine kurze Erzählung schmeckt uns nicht: Wir wollen, dass der Autor innehält und uns die Figuren näherbringt. Dann macht es uns Freude, uns von ihnen und ihrer Umgebung durchdrungen und gesättigt zu fühlen, sie als alte Freunde wahrzunehmen, von denen wir alles wissen und die uns den ganzen Reichtum ihres Lebens offenbaren, während sie sich uns vorstellen. Deshalb ist der Roman eine im Wesentlichen verzögernde Gattung — ich weiß nicht, ob Goethe oder Novalis das einmal sagte. Ich würde eher sagen: Er ist heute eine langsame Gattung und muss es auch sein — also das Gegenteil der Kurzgeschichte, des Fortsetzungsromans und des Melodramas.

Ich habe manchmal versucht, für mich selbst zu klären, worin das — zugegebenermaßen bescheidene — Vergnügen an einigen amerikanischen Filmen besteht, die aus einer langen Reihe von Kapiteln oder, wie der neue und absurde spanische Bourgeois sagt, von »Episoden« bestehen. (Ein Theaterstück, das nur aus Episoden aufgebaut ist, wäre wie eine Mahlzeit, die ausschließlich aus Vorspeisen besteht; eine Aufführung, die aus Zwischenpausen zusammengesetzt ist). Und mit nicht wenig Erstaunen habe ich festgestellt, dass diese Gefälligkeit nie von der dummen Handlung herrührte, sondern von den Figuren selbst. Ich habe mich von den Filmen unterhalten gefühlt, in denen die Figuren sympathisch und neugierig waren, sowohl wegen der Rolle, die sie spielten, als auch wegen der Kunstfertigkeit, mit der die Physis des Schauspielers seine Idee umsetzte. Ein Film, in dem der Detektiv und das junge amerikanische Mädchen sympathisch sind, kann endlos weitergehen, ohne uns zu ermüden. Es spielt keine Rolle, was sie tun: Wir sehen sie gerne kommen und gehen und sich bewegen. Wir interessieren uns nicht für sie wegen dem, was sie tun, sondern im Gegenteil, was immer sie tun, es interessiert uns, weil sie es tun.

Wenn wir uns an die wichtigsten Romane der Vergangenheit erinnern, denen es gelungen ist, die enormen Anforderungen zu erfüllen, die der heutige Leser an sie stellte, werden wir feststellen, dass unsere Aufmerksamkeit eher den Figuren selbst als ihren Abenteuern gilt. Es sind Don Quijote und Sancho, die uns amüsieren, nicht das, was ihnen widerfährt. Im Prinzip ist es möglich, sich einen gleichwertigen *Quijote* vorzustellen, in dem der Ritter und sein Diener ganz andere Abenteuer erleben. Das Gleiche gilt für Julien Sorel oder David Copperfield.

Funktion und Substanz

Unser Interesse hat sich also von der Handlung zu den Figuren, von den Taten zu den Personen verlagert. Aber als Zwischenspiel möchte ich Folgendes sagen: Diese Verlagerung fällt mit derjenigen zusammen, die in den letzten zwanzig Jahren in den Naturwissenschaften und insbesondere in der Philosophie stattgefunden hat. Von Kant bis 1900 herrschte eine verstärkte Tendenz, die Substanzen aus der Theorie zu entfernen und sie durch Funktionen zu ersetzen. In Griechenland und im Mittelalter hieß es *operari sequitur esse*, Handlungen sind Folgen und Ableitungen des Wesens. Im 19. Jahrhundert galt das Gegenteil als Ideal: *esse sequitur operari*, das Sein ist nichts anderes als die Gesamtheit seiner Taten oder Funktionen.

Wenden wir uns heute vielleicht von der Handlung zur Person, von der Funktion zur Substanz? Das wäre ein Zeichen für einen aufkommenden Klassizismus.

Dies verdient jedoch einen noch ausführlicheren Kommentar und lädt dazu ein, in der Konfrontation des klassischen französischen Theaters und des hiesigen spanischen Theaters nach einer Orientierung zu suchen.

Zwei Theater

Es gibt nur wenige Dinge, die den Unterschied zwischen den Schicksalen Spaniens und Frankreichs so deutlich machen, wie der Unterschied in der Struktur zwischen dem klassischen französischen Theater und dem traditionellen hiesigen. Ich nenne es nicht klassisch, denn ohne seinen Wert zu mindern, muss man sagen, dass ihm die Merkmale des Klassizismus fehlen. Es ist vor allem eine volkstümliche Kunst, und ich glaube nicht, dass es in der Geschichte irgendetwas gab, das sich trotz seiner Volkstümlichkeit als klassisch erwies. Die französische Tragödie ist im Gegenteil eine Kunst für die Aristokratie. Sie unterscheidet sich von unserem Theater also schon in der Art des Publikums, an das sie sich richtet. Ihre ästhetische Absicht ist ebenfalls fast das Gegenteil von dem, was unsere beliebtesten Dramatiker bewegt, und ich beziehe mich natürlich auf die Gesamtheit beider Stile, ohne zu leugnen, dass es in dem einen oder dem anderen Ausnahmen gibt, die, wie immer, die Regel bestätigen.

Die französische Tragödie reduziert die Handlung auf ein Minimum. Nicht nur im Sinne der drei Einheiten (wir werden sehen, wie nützlich diese für den »zu schaffenden« Roman sind), sondern vielmehr dadurch, dass die erzählte Geschichte auf die kleinsten Proportionen reduziert wird. Unser Theater häuft so viele Abenteuer und Erlebnisse an, wie es nur kann. Es ist klar, dass der Autor ein Publikum unterhalten muss, das von materiell schwierigen, ungewöhnlichen und gefährlichen Abenteuern begeistert ist. Der französische Tragödiendichter versucht, auf der Leinwand an einer an sich uninteressanten »Geschichte« nur drei oder vier wichtige Momente hervorzuheben. Er vermeidet das äußerliche Abenteuer oder die Peripetie: Die Ereignisse dienen nur dazu, bestimmte intime Probleme anzugehen. Autor und Publikum erfreuen sich nicht so sehr an den Leidenschaften der Figuren und ihren dramatischen Folgen als vielmehr an der Analyse dieser Leidenschaften. In unserem Theater hingegen ist die psychologische Anatomie der

Gefühle und Figuren oft nicht vorhanden oder zumindest nicht relevant. Wir gehen von ihnen aus, indem wir sie von außen und als Ganzes betrachten und benutzen sie als Sprungbrett für das Drama oder das Abenteuer, damit dieses seinen großen biegsamen Sprung machen kann. Anderes hätte das Publikum der spanischen »corrales«, das sich aus einfachen Seelen zusammensetzt, und die eher leidenschaftlich als nachdenklich sind, gelangweilt.

Die psychologische Analyse ist jedoch nicht das Endziel der französischen Tragödie. Sie dient vielmehr als bloßes Mittel für etwas anderes, was sie offensichtlich mit dem griechischen und römischen Theater verbindet (der Einfluss der Tragödien von Seneca auf das klassische französische Drama ist unüberschätzbar). Das adlige Publikum erfreut sich an dem exemplarischen und normativen Charakter des tragischen Ereignisses. Es wird nicht durch das qualvolle Schicksal von Phädra oder Athalja erschüttert, sondern besucht das Stück, um sich mit der Vorbildlichkeit dieser großmütigen Figuren in Einklang zu bringen. Im Grunde handelt es sich beim französischen Theater um eine ethische Betrachtung und nicht um eine vitale Leidenschaftlichkeit wie bei uns. Es ist keine zufällige Handlung; es präsentiert keine Reihe ethisch neutraler Ereignisse, sondern eine exemplarische Art der Reaktion, ein Repertoire normativer Gesten angesichts der großen Angelegenheiten der Existenz. Die Figuren sind in der Tat Helden, Auserwählte, Maßstäbe der Großzügigkeit, menschliche *standards*. Deshalb gab es in diesem Theater keine anderen Figuren als Könige und Magnaten, Geschöpfe, die von den primären Dringlichkeiten des Lebens befreit waren und deren überbordende Energie dazu genutzt werden konnte, rein moralische Konflikte zu lösen. Selbst wenn wir die französische Gesellschaft jener Zeit nicht kennen würden, könnten wir bei der Lektüre dieser Tragödien von einem Publikum ausgehen, das sich dem Erlernen hoher Anstandsformen und der Sehnsucht nach Selbstvervollkommnung widmet. Der Stil ist stets gemessen und von edler Technik: Er weist weder Grobheiten auf, die ihm eine amüsante Färbung verleihen könnten, noch findet sich darin Exaltation. Die Leidenschaft gibt sich nie selbst auf; sie geht mit strenger Korrektheit vor, indem sie sich an die Grenzen der poetischen, städtischen und sogar der grammatikalischen Gesetze hält. Die französische tragische Kunst ist die Kunst, sich nicht selbst aufzugeben, sondern immer nach der besten Regel für Geste und Verb zu suchen, die sie regulieren sollen. Kurzum, sie offenbart jenes Streben nach Auserlesenheit, nach reflexiver Verbesserung, durch die Frankreich von Generation zu Generation sein Leben und seine Leute verfeinern konnte.

Das Orgiastische, die Hemmungslosigkeit ist für das Volk in jeder Ordnung charakteristisch. So haben die Volksreligionen seit jeher orgiastischen Riten gefrönt, gegen die die Religion der auserwählten Geister immer wieder ankämpfte. Der Brahmane kämpft gegen die Magie, der konfuzianische Mandarin gegen den taoistischen Aberglauben, das katholische Konsilium gegen mystische Orgasmen. Man könnte die beiden antagonistischen Lebenshaltungen zusammenfassen, indem man sagt, dass für die eine — die edle und anspruchsvolle — das Ideal des Daseins darin besteht, sich nicht hinzugeben, die Orgie zu vermeiden, während für die andere — die populäre — das Leben darin besteht, sich den invasiven Emotionen hinzugeben und in der Leidenschaft, im Ritual oder im Alkohol Rausch und Bewusstlosigkeit zu suchen.

Das spanische Publikum hat etwas davon in den brennenden Dramen gesucht, die unsere Dichter hervorgebracht haben. Und dies bestätigt auf einem ganz unerwarteten Weg den Zustand eines »Volksvolkes«, den ich einmal in der ganzen Geschichte unseres Spaniens entdeckt zu haben glaubte. Nicht Auserlesenheit und Manier, sondern Leidenschaft und Hemmungslosigkeit. Zweifellos hat dieser alkoholische Durst nach Leidenschaftlichkeit nur wenig Größe. Ich versuche jetzt nicht, die Werte von Völkern oder Stilen zu vergleichen, sondern nur leichthin zwei konträre Temperamente zu beschreiben.

Im Allgemeinen werden die Persönlichkeiten von Männern und Frauen in unserem Theater verwischt. Nicht ihre Personen sind das Interessanteste, sondern man lässt sie durch die Welt wandeln, mitgerissen von einem Wirbelwind von Abenteuern. Ungepflegte Damen, die sich im Gebirge verirren, die gestern noch herausgeputzt im Halbdunkel der Bühne erschienen sind und morgen, als Mauren verkleidet, den Hafen von Konstantinopel durchschiffen werden. Sprunghafte und zauberhafte Liebschaften, die glühende und schwerelose Herzen ergreifen! Das ist es, was unsere Vorfahren anzog. In einem großartigen Artikel von Azorín wird eine Aufführung auf einem *corral*[23] in einem traditionellen Dorf beschrieben, und es gibt einen Moment, in dem der gefährdete *galán* die schwierigsten Stunden ausnutzt, um der Dame seine Liebe zu gestehen, in flammenden Versen, die wie ein Feuerwerk knistern, in einer entzückenden Rhetorik voller barocker Voluten, die mit Bildern überladen ist, durch die sich die gesamte Fauna und Flora hindurchzieht — die Rhetorik, die in der bildenden Kunst die Kartuschen der Post-Renaissance mit ihren Trophäen,

23 Anmerkung des Übersetzers: Theaterhof einer traditionellen spanischen Art des Freilichttheaters.

ihren Früchten, ihren Bannern und ihren Ziegen- und Widderschädeln hervorbringt —, in der ein *licenciado* um die Fünfzig, der Zeuge der Szene ist, seine schwarzen Augen auf sein fahles Gesicht richtet und mit einer nervösen Hand über seinen gräulichen Ziegenbart streicht. Dieser Artikel von Azorín hat mich mehr über das spanische Theater gelehrt als alle Bücher, die ich gelesen habe.[24] Die Gattung war Stoff der Verzückung — das heißt das genaue Gegenteil der Perfektion, die die französische Gattung für sich beanspruchte. Der gute Kastilier besuchte die berühmte Komödie nicht, um ein vorbildliches Charakterbild zu betrachten, sondern um sich von der Flut an Abenteuern und Schicksalsschlägen der Figuren in den Bann schlagen zu lassen. Auf die komplizierte und abwechslungsreiche Handlung der Geschichte hat der Dichter seine überspannte Sprachgewandtheit gestickt, reich an blitzenden Metaphern in einer Wortwahl tiefer Schatten und brillanter Spiegelungen, ganz ähnlich den Altarbildern desselben Jahrhunderts. Neben dem Feuer leidenschaftlicher Schicksale fand das Publikum auch das Feuer der Phantasie, das grandiose künstliche Feuer der lopesken oder calderonischen[25] Vierzeiler.

Die Substanz des Vergnügens, die in unserem Theater enthalten ist, ist von derselben dionysischen Abstammung wie die mystische Verzückung der Mönche und Nonnen der damaligen Zeit, welche große Trinker der Exaltation waren. Ich wiederhole, nichts Kontemplatives. Kontemplation erfordert Kälte und Distanz zwischen

24 Siehe den Essay von Américo Castro am Anfang eines Bandes von Tirso in den bewundernswerten *Clásicos castellanos*, in *La Lectura*.

25 Anmerkung des Übersetzers: *lopesco/calderoniano – die Kunst des spanischen Dramatikers Lope de Vega/Calderón de la Barca betreffend.*

uns und dem Objekt. Wer einen Wildbach betrachten will, muss zunächst einmal versuchen, sich nicht von ihm mitreißen zu lassen.

Wir sehen also in beiden Theatern zwei gegensätzliche künstlerische Ziele: Im kastilischen Drama ist das Wesentliche das Abenteuer, das ereignisreiche Schicksal, und damit einhergehend die lyrische Ausschmückung des Strophenverses. In der französischen Tragödie ist das Wichtigste die Figur selbst, ihre exemplarische und paradigmatische Qualität. Aus diesem Grund erscheint uns Racine kalt und einfarbig. Wir würden sagen, dass wir in einen Garten geführt werden, in dem Statuen sprechen und unsere Bewunderung erlahmen lassen, indem sie uns das gleiche Modell von Gesten präsentieren. Bei Lope de Vega hingegen finden wir eher Malerei als Bildhauerei. Eine riesige Leinwand voller Dunkelheit und Helligkeit, auf der alles bunt und gestikulierend ist, der Adlige und der Bürgerliche, der Erzbischof und der Hauptmann, die Königin und die Bergbewohnerin, rastlose, entschlossene, überschwängliche, außergewöhnliche Menschen, die wie verrückt kommen und gehen, ohne Rangordnung und ohne Regeln, wie eine Vielzahl an Infusionstierchen in einem Wassertropfen. Um die herrliche Vielfalt unseres Theaters zu sehen, sollte man die Augen nicht weit aufreißen, wie jemand, der der Linie eines Profils nachjagt, sondern eher die Augen zusammenkneifen, mit der Geste eines Malers, mit der Geste von Velázquez, der die Hoffräulein, die Zwerge und das Königspaar betrachtet.

Ich glaube, dass diese Sichtweise uns erlaubt, unser heutiges Theater im besten Licht zu sehen. Die Experten für spanische Literatur — ich selbst kenne mich da nur wenig aus — sollten ihre Anwendung versuchen. Vielleicht wird sie sich als fruchtbar erweisen und die

Analyse bis zu den tatsächlichen Werten dieser riesigen poetischen Ernte lenken.

Nun wollte ich nichts anderes, als eine Kunst der Figuren einer Kunst des Abenteuers gegenüberstellen. Denn ich vermute, dass sich der anspruchsvolle Roman heute, wenn auch in einer anderen Richtung, von dieser zu jener wenden, und statt interessante Handlungen um ihrer selbst willen zu erfinden — was praktisch unmöglich ist —, sich attraktive Figuren ausdenken muss.

Dostojewski und Proust

Während andere Größen untergehen und vom geheimnisvollen Sog der Zeit mitgerissen werden, bleibt Dostojewski an der Spitze stehen. Vielleicht ist die derzeitige Begeisterung für sein Werk ein wenig übertrieben, und ich möchte mir mein Urteil darüber für eine günstigere Zeit vorbehalten. Aber auf jeden Fall besteht kein Zweifel daran, dass Dostojewski vor dem allgemeinen Schiffbruch gerettet wurde, das der Roman des letzten Jahrhunderts in diesem Jahrhundert erlitten hat. Und die Gründe, die fast immer angeführt werden, um diesen Triumph, diese Überlebensfähigkeit zu erklären, scheinen mir falsch zu sein. Das Interesse, das seine Romane erwecken, wird auf seinen Stoff zurückgeführt: die geheimnisvolle Dramatik der Handlung, der extrem pathologische Charakter der Figuren, die Exotik dieser slawischen Seelen, die sich in ihrer chaotischen Beschaffenheit so sehr von den psychologischen Strukturen unserer Figuren unterscheiden, welche gepflegt, deutlich und klar sind. Ich bestreite nicht, dass all dies zu dem

Vergnügen beiträgt, das wir an Dostojewski haben, aber es scheint mir nicht ausreichend, um es zu erklären. In der Tat könnte man solche Elemente als negative Faktoren betrachten, die uns eher verärgern als anziehen sollten. Jeder, der diese Romane gelesen hat und von Selbstgefälligkeit umhüllt wurde, wird sich daran erinnern, dass diese Lektüre bei ihm einen gewissen bedauernswerten, unangenehmen und etwas trüben Eindruck hinterlassen hat.

Die Materie rettet niemals ein Kunstwerk, und das Gold, aus dem sie gemacht ist, weiht die Statue nicht. Das Kunstwerk lebt mehr durch seine Form als durch sein Material, und es verdankt seiner Struktur, seinem Organismus die wesentliche Anmut, die es ausstrahlt. Das ist das eigentlich Künstlerische an einem Kunstwerk, und das ist es, worauf die Kunst- und Literaturkritik achten muss. Wer ein feines ästhetisches Empfinden hat, liest es als ein Zeichen von Philisterei, wenn jemand angesichts eines Gemäldes oder einer dichterischen Produktion auf das »Thema« als den entscheidenden Faktor verweist. Natürlich gibt es ohne es kein Kunstwerk, so wie es ohne chemische Prozesse kein Leben gibt. Aber so wie das Leben sich nicht auf diese reduziert, sondern erst zum Leben wird, wenn es dem chemischen Gesetz seine eigene, originelle Zusammensetzung hinzufügt, so ist das Kunstwerk erst dank der formalen Struktur, die es der Materie oder dem Gegenstand auferlegt, ein solches.

Ich habe es immer als seltsam empfunden, dass es selbst Fachleuten schwer fällt, das Formale, das für den Laien abstrakt und funktionslos erscheint, als die eigentliche Substanz der Kunst zu erkennen.

Der Standpunkt des Autors oder des Kritikers kann nicht derselbe sein wie der des unqualifizierten Lesers. Diesem geht es nur um die letztendliche Wirkung, die das Werk bei ihm auslöst, und nicht um die Analyse der Entstehung seines Vergnügens.

Daher rührt, dass über das, was in Dostojewskis Romanen geschieht, schon viel gesagt worden ist, aber kaum etwas über ihre Form. Die Ungewöhnlichkeit der Handlungen und Gefühle, die dieser großartige Schriftsteller beschreibt, hat den Blick der Kritiker davon abgehalten, in die Tiefe des Buches vorzudringen, die, wie bei jedem künstlerischen Schaffen, immer das ist, was am unwesentlichsten und oberflächlichsten erscheint: die Struktur des Romans als solche. So entsteht eine merkwürdige optische Täuschung. Dostojewski wird der unbewusste, unruhige Charakter seiner Figuren zugeschrieben, und der Schriftsteller selbst wird zur Figur in seinen Romanen. Sie scheinen in einer Stunde dämonischer Ekstase von einer elementaren und anonymen Kraft hervorgebracht zu werden, die mit dem Blitz verwandt und der Bruder des Sturms ist.

Aber all das ist nur Magie und Phantasmagorie. Der wache Geist erfreut sich an all diesen kosmogonischen Bildern, nimmt sie aber nicht ernst und zieht schließlich klare Ideen vor. Es mag stimmen, dass der Mensch Dostojewski ein Besessener war, oder ein Prophet, wenn man so will; aber der Schriftsteller Dostojewski war ein *homme de lettres*, ein umsichtiger Handwerker eines bewundernswerten Handwerks, mehr nicht. Ich habe oft, ohne dass es mir ganz gelungen ist, versucht, Baroja davon zu überzeugen, dass Dostojewski vor allem ein hervorragender Techniker des Romans war, einer der größten Erneuerer der Romanform.

Es gibt kein besseres Beispiel für das, was ich als langsame Gattung bezeichne. Seine Bücher sind fast immer viele Seiten lang, und doch ist die dargestellte Handlung meist sehr kurz. Manchmal braucht es zwei Bände, um ein Ereignis zu beschreiben, das drei Tage, wenn nicht gar nur ein paar Stunden dauert, und trotzdem — könnte es eine höhere Intensität geben? Es ist ein Irrtum, zu glauben, dass dies durch die Schilderung vieler Ereignisse erreicht wird. Ganz im Gegenteil: Es sind wenige und sehr detaillierte, das heißt vollzogene Ereignisse. Wie bei so vielen anderen Themen gilt auch hier: *non multa, sed multum*. Die Dichte wird nicht durch die Aneinanderreihung von Abenteuern erreicht, sondern durch die Ausdehnung jedes einzelnen mittels der klaren Präsenz seiner kleinsten Bestandteile.

Die zeitliche und örtliche Konzentration der Handlung, die für Dostojewskis Technik charakteristisch ist, lässt uns an einen ungeahnten Sinn denken, in dem sich die ehrwürdigen »Einheiten« der klassischen Tragödie wiederfinden. Diese Norm, die ohne ersichtlichen Grund zu einer Kontinuität und Begrenzung einlud, erscheint nun als fruchtbares Mittel, um jene innere Dichte, jenen atmosphärischen Druck im Raum des Romans zu erreichen.

Es macht Dostojewski nichts aus, Seiten und Seiten mit endlosen Dialogen seiner Figuren zu füllen. Dank dieses reichlichen Sprachflusses werden wir mit ihren Seelen gesättigt, die imaginären Personen erhalten eine deutliche Körperlichkeit, die durch keine Definition erreicht werden kann.

Es ist durchaus faszinierend, Dostojewski in seinem scharfsinnigen Verhalten gegenüber dem Leser zu beobachten. Wer nicht genau hinschaut, wird glauben, dass der Autor jede seiner Figuren definiert. Tatsächlich beginnt er fast jedes Mal, wenn er eine von ihnen vorstellt, mit einer kurzen Beschreibung ihrer Biographie, so dass es uns scheint, als ob er deren Charakter und Kräfte hinreichend definiert hätte. Aber sobald die Figur tatsächlich zu handeln beginnt — das heißt, sich zu unterhalten und Taten zu vollbringen —, fühlen wir uns in die Irre geführt. Die Figur verhält sich nicht nach dem Bild, das uns diese vorgebliche Definition versprochen hat. Auf das erste Begriffsbild, das wir von ihm erhalten haben, folgt ein zweites, indem wir ihn unmittelbar leben sehen, ein Begriffsbild, das vom Autor nicht mehr definiert wird und das sich deutlich vom ersten unterscheidet. In einem unvermeidlichen Automatismus beginnt der Leser dann zu befürchten, dass ihm die Figur an der Kreuzung dieser widersprüchlichen Angaben entgleitet, und ohne es zu wollen, wird er dazu gebracht, die gegensätzlichen Symptome zu interpretieren, um zu einer einheitlichen Physiognomie zu gelangen; das heißt, er ist damit beschäftigt, sie zu definieren. Das ist es, was uns im Umgang mit Menschen im Leben widerfährt. Der Zufall führt sie uns vor Augen, filtert sie in die Sphäre unseres individuellen Lebens, ohne dass jemand sie offiziell für uns definiert. Stets sind wir mit ihrer komplizierten Realität konfrontiert, nicht mit einem einfachen Konzept von ihnen. Und dieses nie ganz besessene Geheimnis, diese relative Unwilligkeit des Menschen, sich unseren Vorstellungen über ihn vollständig anzupassen, ist es, was ihn von uns unabhängig macht und ihn uns als etwas Reales, Tatsächliches und über unsere Vorstellungen Hinausgehendes empfinden lässt. Damit kommen wir zu einem unerwarteten Vorbehalt: Dostojewskis »Realismus« — nennen wir ihn so, um die Sache nicht zu verkomplizieren — liegt nicht in den Dingen und Tatsachen, auf die er sich bezieht, sondern in der Art und Weise, in der der Leser gezwungen ist, mit ihnen umzugehen. Nicht die Materie des Lebens macht seinen »Realismus« aus, sondern die Form des Lebens.

Mit dieser Vorgehensweise, den Leser in die Irre zu führen, geht Dostojewski bis an die Grenze der Grausamkeit. Denn er vermeidet es nicht nur, seine Figuren durch definierte Vorwegnahmen ihres Wesens zu verdeutlichen, sondern er verändert das Verhalten der Charaktere von Abschnitt zu Abschnitt und präsentiert uns verschiedene Aspekte jeder Person, die sich so vor unseren Augen allmählich zu formen und zu integrieren scheint. Dostojewski verzichtet darauf, die Figuren zu stilisieren, und macht sich eine Freude daraus, ihre Missverständnisse transparent zu machen, so wie es auch im wirklichen Leben geschieht. Der Leser ist gezwungen, den endgültigen Umriss dieser wandelbaren Kreaturen zu rekonstruieren, immer in der Angst, einen Fehler gemacht zu haben, stets zögernd und korrigierend.

Diesem und anderen Kunstgriffen verdankt Dostojewskis die einzigartige Eigenschaft, dass seine Bücher — die besten wie die schlechtesten — nie falsch oder konventionell wirken. Der Leser stolpert nie über die Kulisse des Theaters, sondern taucht selbstverständlich in eine perfekte Quasi-Realität ein, die immer authentisch und wirkungsvoll ist. Denn der Roman verlangt, im Gegensatz zu anderen poetischen Gattungen, dass wir ihn nicht als solchen wahrnehmen, dass wir den Vorhang oder die Bretter der Bühne nicht sehen. Wenn wir Balzac heute lesen, werden wir auf jeder Seite aus unserer romanhaften Träumerei geweckt, weil wir gegen sein Schriftstellergerüst stoßen. Die wichtigste Bedingung der Struktur, die Dostojewski dem Roman gibt, ist jedoch schwieriger zu erklären und ich ziehe es vor, später darauf einzugehen.

An dieser Stelle ist jedoch darauf hinzuweisen, dass diese Angewohnheit, nicht zu definieren bzw. in die Irre zu führen, diese ständige Wandlung der Figuren, diese zeitliche und örtliche

Kondensierung, kurz gesagt, dieser Verzug oder dieses *langsame Tempo*, nicht nur bei Dostojewski zu finden sind. Alle Romane, die man heute immer noch lesen kann, stimmen in ihrer Verwendung mehr oder weniger überein. Ein abendländisches Beispiel ist Stendhal in allen seinen großen Büchern. *Rouge et noir*, das sich als biographischer Roman auf einige Lebensjahre eines Mannes bezieht, ist in Form von drei oder vier Szenen aufgebaut, von denen jede in ihrem Inneren wie ein ganzer Roman des russischen Meisters wirkt.

Der letzte große Roman — Prousts umfangreiches Werk — offenbart diese geheime Struktur noch mehr, indem er sie in gewisser Weise auf die Spitze treibt.

Bei Proust erreicht der Verzug, die Langsamkeit ihren Höhepunkt und wird fast zu einer Reihe von statischen Aufnahmen, ohne jede Bewegung, ohne Fortschritt oder Spannung. Die Lektüre überzeugt uns, dass das Maß der wünschenswerten Langsamkeit überschritten ist. Die Handlung ist fast aufgehoben und der letzte Rest von dramatischem Interesse ist ausgelöscht. Der Roman reduziert sich so auf eine rein unbewegliche Beschreibung, und der diffuse, atmosphärische, handlungslose Charakter, der für die Gattung eigentlich grundlegend ist, wird durch Ausschließlichkeit bis zur Übertreibung auf die Spitze getrieben. Wir bemerken, dass das Skelett, die starre und aufgespannte Stütze, die wie die Drähte eines Regenschirms ist, fehlt. Entbeint, wird der Körper des Romans zu einer formlosen Wolke, einem Plasma ohne Figur, einem Brei ohne Kontur. Aus diesem Grund habe ich vorhin gesagt, dass die Handlung im vorliegenden Roman zwar nur eine minimale Rolle spielt, im Roman aber nicht völlig beseitigt werden kann und die Funktion — wenn sie auch nur eine mechanische ist — des Fadens in der Perlenkette, der Drähte im Regenschirm, der Pflöcke des Zelts beibehält.

Meine Idee — die, bevor sie vom Leser verworfen wird, glaube ich, einige Überlegungen seinerseits verdient — lautet also, dass das sogenannte dramatische Interesse keinen ästhetischen Wert im Roman enthält, sondern eine mechanische Notwendigkeit desselben ist. Der Grund für diese Notwendigkeit entspringt dem allgemeinen Gesetz der menschlichen Seele, welches auch eine kurze Darlegung verdient.

Handeln und Kontemplation

Vor über zehn Jahren habe ich in den *Meditaciones del Quijote* dem modernen Roman die wesentliche Aufgabe zugeschrieben, eine Atmosphäre zu beschreiben; was ihn von den anderen epischen Formen — dem Epos, der Kurzgeschichte, dem Abenteuerroman, dem Melodram und dem Feuilleton — unterscheidet, die sich auf eine bestimmte Handlung mit einer genau definierten Linie und einem genau definierten Verlauf beziehen. Im Gegensatz zur konkreten Handlung, die sich so schnell wie möglich auf einen Abschluss zubewegt, bedeutet das Atmosphärische etwas Diffuses und Stilles. Die Handlung reißt uns in ihrer dramatischen Eile mit, das Atmosphärische hingegen lädt uns einfach zur Betrachtung ein. In der Malerei stellt die Landschaft ein atmosphärisches Thema dar, in dem »nichts passiert«, während das historische Gemälde in knapper Form von einer bestimmten Tat oder einem Ereignis erzählt. Es ist kein Zufall, dass für die Landschaftsmalerei die Technik der *plein air*, das heißt der Atmosphäre, erfunden wurde.

Seitdem hatte ich öfter die Gelegenheit, diesen ersten Gedanken zu bestätigen, denn der bessere Geschmack des Publikums und die glorreichen Versuche neuerer Autoren haben das Schicksal des Romans als diffuse Gattung immer deutlicher gemacht. Die jüngste Schöpfung im hohen Stil, das Werk von Proust, bringt das Problem am deutlichsten zum Ausdruck: In ihm wird der nicht-dramatische Charakter des Romans bis zur äußersten Übertreibung getrieben. Proust verzichtet gänzlich darauf, den Leser durch die Dynamik einer Handlung zu fesseln und versetzt ihn in eine rein kontemplative Haltung. Diese Radikalität ist die Ursache für die Schwierigkeiten und die Unzufriedenheit, auf die der Leser bei der Lektüre von Proust stößt. Am Ende jeder Seite möchten wir den Autor um ein paar Gegenstände des dramatischen Interesses bitten, während wir erkennen, dass es noch eine andere, köstlichere Delikatesse gibt, die der Autor uns in übermäßiger Fülle schenkt. Was er uns anbietet, ist eine mikroskopische Analyse der menschlichen Seelen. Mit einem Quentchen an Dramatik, da wir in Wahrheit mit fast nichts zufrieden wären, wäre das Werk perfekt.

Wie lässt sich das vereinbaren? Warum brauchen wir, um einen Roman zu lesen, den wir schätzen, ein gewisses Minimum an Handlung, die wir an sich nicht schätzen? Ich glaube, dass jeder, der ein wenig über die Bestandteile seines Vergnügens bei der Lektüre großer Romane nachdenkt, auf diese selbe Antinomie stößt.

Die Tatsache, dass eine Sache für eine andere Voraussetzung ist, bedeutet nicht, dass sie an sich schätzenswert ist. Um das Verbrechen zu enthüllen, brauchen wir den Denunzianten, aber das bedeutet nicht, dass wir die Denunziation schätzen.

Kunst ist ein Ereignis, das sich in unserer Seele abspielt, wenn wir ein Bild betrachten oder ein Buch lesen. Damit dieses Ereignis stattfinden kann, muss unser psychologischer Mechanismus richtig funktionieren, und die ganze Reihe seiner mechanischen Anforderungen wird ein notwendiger Bestandteil des künstlerischen Werks sein, aber er hat keinen ästhetischen Wert, oder er wird ihn nur als eine Reflexion und Ableitung haben. Ich würde sagen, dass dramatisches Interesse eine psychologische Voraussetzung für den Roman ist, nicht mehr, aber natürlich auch nicht weniger. Normalerweise wird es so nicht gesehen. Es wird oft angenommen, dass eine faszinierende Handlung einer der großen ästhetischen Faktoren des Werks ist, und deshalb wird nach ihr — so viel wie möglich — verlangt. Im Gegensatz dazu bin ich der Meinung, dass die Handlung, wenn sie nur ein mechanisches Element ist, ästhetisch gesehen totes Gewicht ist, und daher auf ein Minimum beschränkt werden sollte. Im Gegensatz zu Proust glaube ich aber, dass dieses Minimum unentbehrlich ist.

Diese Frage geht über den Bereich des Romans und sogar der Kunst insgesamt hinaus und nimmt in der Philosophie ungeahnte Ausmaße an. Ich erinnere mich, dass ich dieses Thema in meinen Universitätskursen mehrmals ausführlich behandelt habe.

Es handelt sich um nichts Geringeres als um den Antagonismus oder die Gegenseitigkeit von Aktion und Kontemplation. Zwei Menschentypen stehen sich gegenüber: Der eine strebt nach reiner Kontemplation, der andere zieht es vor, zu handeln, einzugreifen, sich leidenschaftlich zu engagieren. Man lernt die Dinge nur in dem Maße kennen, in dem man sie besinnlich betrachtet. Das Interesse trübt die Kontemplation, indem es uns dazu bringt, eine Seite einzunehmen und uns für das eine blind zu machen, während es das andere zu stark beleuchtet. Die Wissenschaft nimmt natürlich diese kontemplative Haltung ein, entschlossen, nicht mehr zu tun, als die vielgestaltige Physiognomie des Kosmos zu spiegeln. Ebenso ist die Kunst eine Lust an der Kontemplation.

Auf diese Weise erscheinen Kontemplation und Interesse als zwei polare Formen des Bewusstseins, die sich im Prinzip gegenseitig ausschließen. Deshalb ist der Mensch des Handelns in der Regel ein schlechter oder gar kein Denker, und das Ideal des Weisen, zum Beispiel im Stoizismus, macht aus ihm ein von allen Dingen losgelöstes, untätiges Wesen mit der Seele einer unbeweglichen Lagune, die emotionslos den vorbeiziehenden Himmel reflektiert.

Aber auch diese radikale Gegenposition ist, wie jeder Radikalismus, eine Utopie des geometrischen Geistes. Reine Kontemplation gibt es nicht, kann es nicht geben. Wenn wir uns ohne ein konkretes Interesse vor das Universum stellen, werden wir nichts richtig sehen können. Denn die Zahl der Dinge, die ein gleiches Recht darauf haben, unseren Blick zu fordern, ist unendlich. Es gäbe für uns keinen Grund, unsere Aufmerksamkeit eher auf einen Punkt zu richten als auf einen anderen, und unsere Augen würden gleichgültig hierhin und dorthin wandern, ohne Ordnung und Perspektive über die universelle Landschaft gleiten, unfähig, sich auf etwas zu fixieren. Es wird allzu oft die bescheidene Binsenweisheit vergessen, dass man schauen muss, um zu sehen, und dass man aufpassen muss, um zu schauen, das heißt aufmerksam sein. Aufmerksamkeit ist eine Vorliebe, die wir subjektiv einigen Dingen zum Nachteil anderer widmen. Man kann dem einen nicht Aufmerksamkeit schenken, ohne das andere zu vernachlässigen. Die Aufmerksamkeit ist also ein Lichtfokus, den wir zugunsten eines Bereichs von Gegenständen konzentrieren und um ihn herum einen Bereich der Dunkelheit und Unaufmerksamkeit entstehen lassen.

Die reine Kontemplation beansprucht eine strenge Unparteilichkeit unserer Pupille, die sich darauf beschränkt, das Spektakel der Realität zu spiegeln, ohne dass das Subjekt sich erlaubt, im Geringsten zu intervenieren oder es zu verzerren. Doch nun erkennen wir, dass der hinterstehende Mechanismus der Aufmerksamkeit als unausweichliche Voraussetzung fungiert und den Blick aus dem Inneren des Subjekts lenkt, um den Dingen eine Perspektive, eine Gestaltung und eine Hierarchie zu verleihen, die aus dessen persönlichem Hintergrund stammen. Man achtet nicht auf das, was man sieht, sondern im Gegenteil, man sieht nur das, worauf man achtet. Die Aufmerksamkeit ist ein *psychologisches Apriori*, das aufgrund von tatsächlichen Präferenzen, das heißt Interessen, wirkt.

Die neue Psychologie war gezwungen, die traditionelle Ordnung der geistigen Fähigkeiten auf eine paradoxe Weise umzustoßen. Der Scholastiker sagte, wie der Grieche: *ignoti nulla cupido* — nach dem Unbekannten gibt es kein Verlangen, kein Interesse. Die Wahrheit ist eher das Gegenteil; wir kennen nur das gut, was wir in irgendeiner Weise begehrt haben oder, genauer gesagt, wofür wir uns vorher interessiert haben. Wie es möglich ist, sich für das zu interessieren, was man noch nicht kennt, ist das starke Paradoxon, das ich in meiner *Iniciación en la Estimativa* zu klären versucht habe.[26]

Ohne jetzt auf eine so hochtrabende Angelegenheit einzugehen, genügt es, wenn jeder von uns in seiner eigenen Vergangenheit entdeckt, unter welchen Umständen wir am meisten über die Welt gelernt haben, und wir werden feststellen, dass es nicht diejeni-

26 Siehe Band VI der *Obras completas*.

gen waren, unter denen wir uns bewusst aufgemacht haben, um zu sehen und nur zu sehen. Es ist nicht die Landschaft, die wir als Touristen besuchen, die wir am besten gesehen haben. Es ist wohlbekannt, dass der Tourist letztlich nichts gut kennt. Er gleitet über die Stadt oder die Region hinweg, ohne sich an ihnen zu vergreifen und sie zu zwingen, einen guten Teil ihres Inhalts preiszugeben. Dabei scheint es, dass im Prinzip der Tourist, der sich ausschließlich mit der Betrachtung beschäftigt, die meisten Informationen erhalten sollte. Das andere Extrem stellt der Bauer dar, der ein rein eigennütziges Verhältnis zur Landschaft hat. Jeder, der schon einmal im Landesinneren gewandert ist, hat mit Erstaunen festgestellt, wie unwissend der Bauer in Bezug auf die Landschaft ist. Er weiß nichts von seiner Umgebung, außer dem, was für sein utilitaristisches Interesse als Landwirt von Bedeutung ist.

Dies zeigt, dass die praktisch gesehen optimale Situation für das Kennenlernen, das heißt für die Aufnahme der größten Anzahl und der besten Qualität der objektiven Elemente, zwischen der reinen Kontemplation und dem drängenden Interesse liegt. Es ist notwendig, dass ein nicht zu enges und vitales Interesse unsere Kontemplation organisiert, spezifiziert, begrenzt, sie artikuliert und ihr eine Perspektive der Aufmerksamkeit verleiht. Was das Land betrifft, so kann man sagen, dass *ceteris paribus* der Jäger, der Hobbyjäger, die Region am besten kennt, also derjenige, der den fruchtbarsten Kontakt mit verschiedenen Seiten oder Facetten des vielgestaltigen Gebietes hat. Gleichzeitig kann man feststellen, dass wir keine anderen Städte besser kennen als die, in denen wir in einem Zustand der Verliebtheit gelebt haben. Die Liebe konzentrierte unseren Geist auf den reizvollen Gegenstand und stattete uns mit einer hypersensiblen Aufnahmefähigkeit aus, die sich über die Konturen ergoss, ohne dass wir sie zum bewussten Mittelpunkt unseres Sehens machen mussten.

Die Gemälde, die uns am tiefsten berührt haben, sind nicht jene im Museum, in das wir gegangen sind, um »Gemälde zu sehen«, sondern vielleicht das bescheidene Tafelbild im Halbdunkel eines Raumes, in den uns die Existenz durch ganz andere Angelegenheiten geführt hat. Im Konzert scheitert die Musik, die wir möglicherweise einen Blinden auf der Straße spielen hören und die unser Herz ergreift, wenn wir vorbeigehen, vertieft in unsere eigenen, interessierten Überlegungen.

Es ist offensichtlich, dass die Bestimmung des Menschen nicht vornehmlich in der Kontemplation liegt. Es ist daher ein Irrtum, zu denken, dass die wichtigste Voraussetzung für die Kontemplation darin besteht, sich dazu zu entschließen, die Kontemplation zu betreiben, das heißt, sie zu einer Hauptaufgabe zu machen. Andererseits scheinen wir ein Maximum an Aufnahmefähigkeit zu erreichen, wenn wir die Kontemplation zu einer Nebentätigkeit machen und in der Seele die Dynamik eines Interesses entwickeln.

Wäre es nicht so, hätte der erste Mensch, als er vor dem Universum stand, es mit seiner Pupille in seiner Gesamtheit durchdrungen, er hätte es in seiner Gesamtheit gesehen. Aber die Menschheit hat das Universum nur Stück für Stück, Sphäre für Sphäre gesehen, so als ob jede ihrer Lebenssituationen, ihr Streben, ihre Aufgaben und Interessen als ein Wahrnehmungsorgan gedient hätten, mit denen sie einen kurzen Blick auf die unmittelbare Umgebung werfen konnte.

Daraus folgt, dass das, was der reinen Kontemplation hinderlich zu sein scheint, nämlich bestimmte Interessen, Gefühle, Bedürfnisse und Vorlieben, gerade das unausweichliche Instrument der

Kontemplation sind. Jedes menschliche Schicksal, wenn es nicht ungeheuerlich gequält wird, kann zu einem großartigen Apparat der Kontemplation — einem Observatorium — gemacht werden, und zwar so, dass kein anderes, auch nicht das scheinbar vorteilhaftere, es ersetzen kann. So ist auch das bescheidenste und leidvollste Leben in der Lage, eine theoretische Weihe zu erhalten, eine Mission der unübertragbaren Erkenntnis, obwohl nur bestimmte Arten der Existenz die optimalen Bedingungen für gründlichste Erkenntnis besitzen.

Aber lassen wir diese entfernten Gedanken beiseite und behalten lediglich die Warnung, dass Kontemplation nur durch ein Minimum an Handlung möglich ist. Da im Roman die Landschaft und die Fauna, die uns angeboten werden, imaginär sind, muss der Autor in uns ein imaginäres Interesse wecken, ein Minimum an Leidenschaft, das als dynamische Unterstützung und Perspektive für unser Sehvermögen dient. In dem Maße, in dem sich die psychologische Kompetenz des Lesers entwickelt hat, ist sein Verlangen nach Dramatik zurückgegangen. Das ist ein Glücksfall, denn heute ist es für den Romanautor unmöglich, großartige und ungewöhnliche Handlungen für sein Werk zu erfinden. Meiner Meinung nach sollte ihn das nicht beunruhigen. Ein wenig Spannung und Bewegung reichen ihm aus. Doch dieses Wenige wegzulassen ist unentschuldbar. Proust hat die Notwendigkeit von Bewegung bewiesen, indem er einen paralytischen Roman schrieb.

Der Roman als »Provinzleben«

Daher müssen die Begriffe umgekehrt werden: Die Handlung ist nicht die Substanz des Romans, sondern im Gegenteil sein äußerer Rahmen, seine bloße mechanische Stütze. Das Wesen des Romans — wohlgemerkt, ich beziehe mich nur auf den modernen Roman — liegt nicht in dem, was geschieht, sondern gerade in dem, was sich als nicht »geschehen« darstellt, nämlich das reine Leben, das Wesen und Sein der Figuren, vor allem in ihrer Umgebung oder ihrem Milieu. Ein indirekter Beweis dafür ist die Tatsache, dass wir uns bei den besten Romanen gewöhnlich nicht an die Ereignisse oder die Abenteuer erinnern, die ihre Figuren durchlebt haben, sondern nur an diese selbst, und den Titel eines bestimmten Buches hervorzurufen, kommt der Erwähnung einer Stadt gleich, in der wir eine Zeit lang gelebt haben; wir erinnern uns sofort an *eine* Atmosphäre, *einen* besonderen Geruch der Stadt, *einen* allgemeinen Ton der Menschen und *einen* typischen Rhythmus des Lebens. Erst danach, wenn es nötig ist, fällt uns eine bestimmte Szene ein.

Es ist daher ein Fehler, wenn der Romanautor sich vor allem darum bemüht, eine »Handlung« zu finden. Jede Handlung ist gut. Für mich war ein bestimmtes Werk immer ein klassisches Beispiel für die Unabhängigkeit des romanhaften Vergnügens von der Handlung, ein Werk, das Stendhal kaum halbfertig hinterlassen hat und das unter verschiedenen Titeln veröffentlicht wurde: *Lucien Leuwen*, *L'amarante et le noir*, usw. Der vorhandene Teil besteht aus einer reichlichen Anzahl von Seiten. Allerdings geschieht dort nichts. Ein junger Offizier kommt in einer

Provinzstadt an und verliebt sich in eine Dame, die zum Provinzadel gehört.

Wir werden nur Zeuge des minuziösen Aufkeimens der köstlichen Gefühle in dem einen und dem anderen Menschen: mehr nicht. Wenn sich die Handlung zu verwickeln droht, hört der Text auf, aber man hat den Eindruck, dass man noch seitenlang über diesen französischen Winkel, diese legitimistische Dame und diesen jungen Soldaten in amarantfarbener Uniform hätte lesen können.

Und was braucht man mehr als das? Und vor allem, denken wir bitte ein wenig darüber nach, was das »Andere« sein könnte, diese »interessanten Sachen«, diese wunderbaren Abenteuer. Auf der Ebene des Romans gibt es so etwas nicht (wir sprechen jetzt nicht vom Fortsetzungsroman oder der wissenschaftlichen Abenteuererzählung im Stil von Poe, Wells usw.). Das Leben ist eben das alltägliche Leben. Die Würde des Romans liegt nicht jenseits von diesem, im Außergewöhnlichen, sondern hier, im Wunder der einfachen, märchenlosen Stunde.[27] Es ist dem Schriftsteller nicht möglich, uns im romanhaften Sinne zu interessieren, indem er unseren Alltagshorizont erweitert und uns mit ungewöhnlichen Abenteuern versorgt. *Man muss umgekehrt vorgehen* und den Horizont des Lesers noch mehr einschränken. Ich möchte das erklären.

27 Diese ästhetische Bejahung des Alltäglichen und der strenge Ausschluss alles Wunderbaren ist die wesentlichste Betrachtung, die die Gattung »Roman« in dem für den vorliegenden Aufsatz relevanten Sinne dieses Wortes definiert. Es ist zu hoffen, dass der Leser nicht dem zufälligen Missverständnis der Sprache erliegt, die denselben Namen verwendet für das Buch der Ritterlichkeiten und sein Gegenteil, den Don Quijote. Um die Bedingungen des Romans im aktuellsten Sinne des Begriffes auszumachen, würde es genügen, darüber nachzudenken, wie eine epische Inszenierung, die formal alles Außergewöhnliche und Wunderbare ausschließt, beschaffen sein kann.

Wenn wir mit dem Horizont den Kreis der Wesen und Ereignisse meinen, die unsere Welt ausmachen, könnten wir den Fehler begehen, uns vorzustellen, dass es bestimmte Horizonte gibt, die so weit, so vielfältig, so heterogen sind, dass sie tatsächlich interessant sind, während andere so eng und eintönig sind, dass es keinen Sinn ergibt, sich für sie zu interessieren. Das ist eine Täuschung. Die Ladenangestellte nimmt an, dass die Welt der Herzogin dramatischer ist als ihre eigene; aber in Wirklichkeit langweilt sich die Herzogin in ihrer leuchtenden Sphäre genau so, wie sich die romantische Buchhalterin in ihrer armen, dunklen Atmosphäre langweilt. Eine Herzogin zu sein ist eine Form des Alltags wie jede andere auch.

Die Wahrheit ist also das Gegenteil von dieser Vorstellung. Es gibt keinen Horizont, der an sich, wegen seines besonderen Inhalts, besonders interessant ist, aber jeder Horizont, ob er weit oder eng, hell oder dunkel, vielfältig oder gleichförmig ist, kann Interesse wecken. Es reicht aus, wenn wir uns vital auf ihn einstellen. Die Vitalität ist so großzügig, dass sie auch in der ödesten Wüste einen Vorwände findet, sich zu erregen und zu erzittern. Als Bewohner der Großstadt verstehen wir nicht, wie die Vitalität im Dorf befriedigt werden kann. Aber wenn wir zufällig in das Dorf eintauchen, sind wir schon nach kurzer Zeit von den kleinen Intrigen des Ortes fasziniert. Mit der weiblichen Schönheit verhält es sich wie mit denen, die nach Fernando Póo reisen; bei der Ankunft sind die Männer von den einheimischen Frauen angewidert, aber es dauert nicht lange, bis die Abscheu gezähmt ist und die Frauen des Bubi-Volkes für sie wie westfälische Prinzessinnen aussehen.

Dies ist meines Erachtens von größter Bedeutung für den Roman. Die Taktik des Autors muss darin bestehen, den Leser von seinem realen Horizont zu isolieren und ihn in einen kleinen, hermetisch abgeschlossenen, imaginären Horizont zu sperren, den das innere Reich des Romans darstellt. Mit einem Wort muss der Romanautor den Leser *verdörflichen*. Das heißt, er muss in ihm Interesse wecken für die Personen, die er ihm vorstellt, welche keinesfalls mit den Wesen aus Fleisch und Blut identisch sein können, die den Leser umgeben und dort ständig um sein Interesse kämpfen und seien sie noch so bewundernswert.

Jeden Leser zu einem vorübergehenden »Provinzler« zu machen, ist meiner Meinung nach das große Geheimnis des Romanautors. Deshalb habe ich vorhin gesagt, dass dieser, anstatt den Horizont des Lesers erweitern zu wollen — welcher Horizont oder welche Welt des Romans kann größer und reicher sein als schon der bescheidenste der auf ihn wirksamen Horizonte? —, dazu neigen muss, ihn zu verengen, zu begrenzen. Nur auf diese Weise wird sich der Leser für das interessieren, was innerhalb des Romans geschieht.

Kein Horizont — ich wiederhole — ist wegen seiner Materie interessant. Jeder Horizont ist wegen seiner *Form* interessant, wegen seiner Form als Horizont, das heißt, als Kosmos oder als vollständige Welt. Der Mikrokosmos und der Makrokosmos sind beide gleichermaßen ein Kosmos; sie unterscheiden sich nur in der Größe des Radius; aber für den, der in beiden lebt, ist er immer die gleiche absolute Größe. Erinnern wir uns an die Hypothese von Poincaré, die Einstein inspirierte: »Wenn sich unsere Welt zusammenziehen und schrumpfen würde, würde uns alles in ihr so erscheinen, als ob es die gleichen Dimensionen beibehielte.«

Die Relativität zwischen Horizont und Interesse, nämlich dass jeder Horizont sein Interesse besitzt, ist das Gesetz des Lebens, das auf ästhetischer Ebene den Roman ermöglicht.

Daraus können wir einige Richtlinien für die Gattung ableiten.

Abgeschlossenheit

Schauen wir uns selbst in dem Moment an, in dem wir einen großen Roman zu Ende gelesen haben. Es scheint uns, dass wir aus einer anderen Existenz auftauchen, dass wir einer Welt entkommen sind, die mit unserer realen Welt nicht in Verbindung steht. Diese Kommunikationsunfähigkeit ist offensichtlich, da wir den Übergang nicht wahrnehmen können. Noch vor wenigen Augenblicken befanden wir uns in Parma mit dem Grafen Mosca und Sanseverina und Clelia und Fabrizio; wir lebten mit ihnen, beschäftigt mit ihren Schicksalen, befanden uns in derselben Luft, demselben Raum und derselben Zeit wie sie. Nun befinden wir uns plötzlich und ohne Unterbrechung in unserem Zimmer, in unserer Stadt und an unserem Datum, und schon beginnen die üblichen Sorgen in unseren Nerven zu erwachen. Es gibt ein Intervall der Unentschlossenheit, des Zögerns. Vielleicht stürzt uns das plötzliche Aufflattern einer Erinnerung zurück in das Universum des Romans, und wir müssen mit einiger Anstrengung, als ob wir uns in einem flüssigen Element befinden würden, an das Ufer unserer eigenen Existenz schwimmen. Wenn uns jemand anschaut, wird er bei uns das für die Schiffbrüchigen charakteristische Aufreißen der Augenlider entdecken.

Ich nenne die literarische Schöpfung, die diese Wirkung hervorbringt, einen Roman. Das ist die magische, riesige, einzigartige, glorreiche Kraft dieser souveränen modernen Kunst. Und unabhängig von seinen anderen Tugenden ist der Roman, der diese Kraft nicht besitzt, ein schlechter Roman. Erhabene, gütige Kraft, die unsere Existenz vervielfacht, die uns befreit und pluralisiert, die uns mit großzügigen geistigen Wanderungen bereichert!

Um diese Wirkung zu erzielen, muss der Autor in der Lage sein, uns zunächst in den geschlossenen Raum seines Romans hineinzuziehen und uns dann den Rückweg abzuschneiden, uns in komplette Isolation von dem realen Raum zu versetzen, den wir verlassen haben. Das Erste ist einfach: Jede Anregung wird uns zum Eingang des Romans führen, den der Autor vor uns öffnet. Das Zweite ist schwieriger. Der Autor muss einen hermetischen Bereich schaffen, ohne jegliche Löcher oder Risse, durch den wir aus dem Inneren des Romans einen Blick auf den Horizont der Realität werfen könnten. Der Grund dafür scheint nicht kompliziert zu sein. Wenn wir das Innere des Buches mit dem Äußeren und der realen Welt vergleichen dürfen und aufgefordert werden, es zu »leben«, werden die uns im Buch vorgeschlagenen Größen, Dimensionen, Probleme und Leidenschaften in ihrer Proportion und Intensität so stark abnehmen, dass ihr ganzes Prestige verfällt. Es wäre so, als würde man in einem Garten ein Bild betrachten, das einen Garten darstellt. Der gemalte Garten blüht und grünt nur im Rahmen eines Zimmers, an einer unauffälligen Wand, auf der sich der Fensterladen eines imaginären Mittags öffnet.

In diesem Sinne würde ich sogar sagen, dass ein Romanautor nur derjenige sein kann, der die Gabe hat, die von ihm ausgeschlossene Realität zu vergessen und sie uns dadurch ebenfalls vergessen zu lassen. Möge er so »realistisch« sein, wie er will, das heißt möge sein romanhafter Mikrokosmos aus den realsten Materialien bestehen; aber wenn wir uns in ihm befinden, sollten wir nichts von dem Realen vermissen, das außerhalb der Mauern geblieben ist.

Das ist der Grund, warum jeder Roman, der mit transzendenten Absichten beladen ist — seien sie politisch, ideologisch, symbolisch oder satirisch —, tot geboren wird. Denn diese Tätigkeiten sind so beschaffen, dass sie nicht fiktiv ausgeübt werden können und stattdessen in Bezug auf den faktischen Horizont eines jeden Einzelnen funktionieren. Indem sie auf den Plan gerufen werden, ist es, als würden wir aus der virtuellen Innenwelt des Romans herausgedrängt und gezwungen, unsere Kommunikation mit der absoluten Welt, von der unsere reale Existenz abhängt, lebendig und wach zu halten. Wie kann ich mich für die imaginären Schicksale der Figuren interessieren, wenn der Autor mich dazu zwingt, mich mit dem großen Problem meines eigenen politischen oder metaphysischen Schicksals zu konfrontieren! Der Romanautor muss im Gegenteil versuchen, uns für die Realität zu betäuben und den Leser in der Hypnose einer virtuellen Existenz gefangen zu halten.

Ich finde hier die nie ausreichend erklärte Ursache für die enorme Schwierigkeit — vielleicht Unmöglichkeit — der Verwirklichung des sogenannten »historischen Romans«. Der Anspruch, dass der imaginierte Kosmos auch eine historische Authentizität besitzen möge, bewirkt im Roman eine permanente Kollision zwischen zwei Horizonten. Und da jeder Horizont eine andere Anpassung von unserem Sehorgan verlangt, müssen wir ständig unsere Einstellung ändern; der Leser kann den Roman weder in

Ruhe träumen noch die Geschichte streng durchdenken. Auf jeder Seite zögert er, denn er weiß nicht, ob er den Sachverhalt und die Figur auf den imaginären oder den historischen Horizont projizieren soll, was dem Ganzen einen Hauch von Falschheit und Konvention verleiht. Der Versuch, beide Welten ineinanderfließen zu lassen, führt nur zur gegenseitigen Negation; der Autor scheint einerseits die Geschichte zu verfälschen, indem er sie zu nahe heranholt, und andererseits den Roman zu verzerren, indem er ihn zu weit von uns weg auf die abstrakte Ebene der historischen Wahrheit verlegt.

Die Abgeschlossenheit ist nichts anderes als die besondere Form, die der Gattungsimperativ der Kunst im Roman annimmt: Die Nicht-Transzendenz. Das irritiert alle unruhigen Köpfe und aufgewühlten Seelen. Aber was soll man tun, wenn es ein unerbittliches Gesetz ist, dass alles das sein muss, was es ist, und darauf verzichten muss, etwas anderes zu sein! Es gibt Menschen, die alles sein wollen: Sie geben sich nicht damit zufrieden, Künstler zu sein, sie wollen Politiker sein, Menschenmengen befehligen und führen, oder sie wollen Propheten sein, die Göttlichkeit verwalten und über die Gewissen der Menschen herrschen! Dass sie einen so hohen Anspruch an sich selbst haben, wäre an sich nicht verboten; aber ein solcher Ehrgeiz treibt sie dazu, zu wünschen, dass die Dinge auch diese vielgestaltige Bestimmung enthalten sollten. Und das ist es, was unmöglich erscheint. Die Künste rächen sich an jedem, der an ihnen mehr als ein Künstler sein will, so dass das Werk nicht einmal künstlerisch wird. Genauso bleibt auch die Politik bei den Dichtern immer eine naive und nichtige Geste.

Eine rein ästhetische Notwendigkeit zwingt dem Roman die Abgeschlossenheit auf und macht ihn zu einem Universum, das von jeglicher wirksamen Realität abgeschnitten ist. Und diese

Bedingung hat unter anderem zur Folge, dass der Roman nicht direkt den Anspruch erheben kann, Philosophie, politisches Pamphlet, soziologische Studie oder Moralpredigt zu sein. Er kann nicht mehr sein als ein Roman, *sein Inneres kann sich nicht in etwas Äußeres transzendieren*; ebenso würde die Träumerei in dem Moment aufhören, Träumerei zu sein, in dem wir unseren Arm in die Dimension des Wachens ausstrecken wollten, um einen realen Gegenstand zu ergreifen und ihn in die magische Sphäre unseres Traums zu bringen. Unser träumender Arm ist ein Gespenst, das nicht einmal die Kraft hat, ein Rosenblatt zu halten. Die beiden Universen sind dermaßen inkompatibel, dass die geringste Berührung das eine oder andere auslöscht. Als Kinder scheiterten wir jedes Mal, wenn wir unsere Finger in die irisierende Innenwelt der Seifenblase stecken wollten. Der zarte, schwebende Kosmos wurde durch eine plötzliche Explosion ausgelöscht und hinterließ eine Träne aus Schaum auf dem Boden.

Dies hat nichts damit zu tun, dass ein Roman, nachdem wir ihn in einem genussvollen Somnambulismus durchlebt haben, im Nachhinein alle möglichen vitalen Resonanzen in uns hervorruft. Die Symbolik des *Quijote* liegt nicht in ihm selbst, sondern wird außerhalb von uns konstruiert, indem wir über unsere Lektüre des Buches nachdenken. Die religiösen und politischen Ideen Dostojewskis haben innerhalb des Romankörpers keine praktische Qualität; sie gelten als Fiktionen derselben Ordnung wie die Gesichter der Figuren und ihre frenetischen Begierden.

Romanautor, schau dir die Tür des Baptisteriums in Florenz an, die von Lorenzo Ghiberti gestaltet wurde! Dort ist in einer Reihe von kleinen Quadraten fast die gesamte Schöpfung dargestellt: Männer, Frauen, Tiere, Früchte, Gebäude. Der Bildhauer hat mit

Vergnügen nicht mehr versucht, als all diese Formen nacheinander zu formen; man scheint noch die zum Erschaudern bringende Kraft zu spüren, mit der die Hand die vordere Biegung des von Abraham für das Opfer vorbereiteten Widders andeutet, die runde Masse des Apfels und die verkürzte Perspektive des Gebäudes formt. Genauso wird nur derjenige ein Romanautor sein, der vor allen anderen Bestrebungen den köstlichen Rausch des Erzählens spürt, der Imagination von Männern und Frauen und Gesprächen und Leidenschaften. Nur er wird derjenige sein, der sich ganz in das Schmieden des hohlen Romankörpers stürzt, ohne jegliche Sehnsucht nach dem wirksamen Leben, das er draußen führt. Dann wird er sich in dessen Hohlraum einschließen wie ein Wurm in einem magischen Kokon und es genießen, das Innere des Gewölbes zu polieren, um keine Poren für die Luft und das Licht der Außenwelt offen zu lassen.

Oder einfacher ausgedrückt: Der Romanautor ist derjenige, der sich beim Schreiben mehr für seine imaginäre Welt interessiert als für jede andere mögliche. Wenn das nicht der Fall ist, wenn nicht einmal er sich für sie interessiert, wie kann er uns dann für sie interessieren? Als göttlicher Schlafwandler muss der Romanautor uns mit seinem schöpferischen Somnambulismus infizieren.

Der Roman, eine dichte Gattung

Was ich als den abgeschlossenen Charakter des Romans bezeichnet habe, wird deutlich, wenn wir den Roman mit der lyrischen Gattung vergleichen. Wir genießen das lyrische Wunder, indem wir es vor dem Hintergrund der Realität auftauchen sehen, wie der künstliche Springbrunnen in der ihn umgebenden Landschaft. Die Lyrik entsteht, um von außen betrachtet zu werden, wie Statuen oder griechische Tempel. Sie tritt nicht in Widerspruch zu unserer Wirklichkeit, oder besser gesagt, sie erhält ihre eigentümliche Anmut dadurch, dass sie ihr gegenübergestellt wird und mit olympischer Unschuld in ihre Mitte die Blöße ihrer Unwirklichkeit setzt. Andererseits ist der Roman dazu bestimmt, aus seinem Inneren heraus betrachtet zu werden, wie es auch in der realen Welt geschieht, in der jedes Einzelwesen aufgrund einer unerbittlichen metaphysischen Vorschrift in jedem Augenblick seines Lebens im Mittelpunkt steht. Um den Roman genießen zu können, müssen wir uns von allen Seiten von ihm umgeben fühlen, und es genügt nicht, ihn als ein Objekt zu betrachten, das sich mehr oder weniger von anderen abhebt. Gerade weil es sich um eine »realistische« Gattung par excellence handelt, ist er mit der äußeren Realität inkompatibel. Um seine innere Realität zu evozieren, muss der Roman die ihn umgebende Realität verdrängen und aufheben.

Alle Bedingungen der Gattung, die ich erwähnt habe, leiten sich von diesem Erfordernis ab: Sie lassen sich unter dem Begriff Abgeschlossenheit zusammenfassen. So ergibt sich der Imperativ der Autopsie zwangsläufig aus dem Bedürfnis des Romanautors, die reale Welt mit seiner imaginären Welt zu überdecken. Damit wir aufhören, das eine zu sehen, das heißt zu verdecken, müssen wir das andere sehen; das heißt das, was verdeckt. Das Gespenst charakterisiert sich dadurch, dass es weder einen Schatten wirft noch ein Stück des Universums hinter sich verbergen kann. Beide Phänomene sind im Spiel, wenn sich den Wesen des Jenseits im Übergang vom Schattenreich zum Licht die Wirklichkeit Dantes offenbart. Anstatt die Figur oder das Gefühl zu definieren, muss der Autor sie heraufbeschwören, damit ihre Anwesenheit die Sicht auf das, was uns umgibt, verstellt.

Ich sehe nicht, dass dies auf andere Weise erreicht werden kann als durch eine großzügige Fülle von Details. Um den Leser zu isolieren, gibt es keinen anderen Weg, als ihn mit klar zu erkennenden Kleinigkeiten dicht einzukreisen. Was ist unser Leben anderes als eine gigantische Synthese von Kleinigkeiten? Derjenige, der daran zweifelt, ob er träumt, greift nicht auf irgendein gravierendes Anzeichen zurück, um sein Wachsein zu bestätigen, sondern auf eine bescheidene Prise. Im Roman geht es genau darum, die Prise zu träumen.

Wie es immer wieder vorkommt, dass die Übertreibung uns ein bisher unbekanntes Maß vor Augen führt, so hat uns das Werk von Proust, das über die Ausführlichkeit und Trivialität weit hinausgeht, vor Augen geführt, dass alle großen Romane im Wesentlichen ausführlich waren, wenn auch in einem anderen Maß. Die Bücher von Cervantes, Stendhal, Dickens, Dostojewski gehören in der Tat zu dieser üppigen Gattung. Alles an ihnen scheint von intuitiver, luxuriöser Fülle zu schäumen. Wir finden immer mehr Sachverhalte, als wir behalten können, und wir haben sogar den Eindruck, dass jenseits der mitgeteilten Sachverhalte viele andere wie unter der Oberfläche liegen. Die größten Romane sind Koralleninseln, die aus Myriaden von winzigen Tieren bestehen, deren scheinbare Schwäche den Ansturm des Meeres abhält.

Dies zwingt den Romanautor, sich nur mit den Themen zu befassen, für die er eine große Intuition besitzt. Er muss *ex abundantia* produzieren. Wo er sich in seichten Gewässern bewegt, wird er es nie schaffen.

Wir müssen die Dinge so akzeptieren, wie sie sind: Der Roman ist keine leichte, wendige, beflügelte Gattung. Vielleicht ist es als ein Hinweis darauf zu verstehen, dass alle großen Romane, die wir heute bevorzugen, aus einer anderen Perspektive betrachtet, ziemlich schwere Bücher sind. Der Dichter kann sich nur mit seiner Leier unter dem Arm auf den Weg machen, aber der Romanautor muss sich mit einem riesigen Gepäck fortbewegen, wie ein Wanderzirkus oder ein wanderndes Volk. Er trägt die Requisiten einer ganzen Welt auf seinen Schultern.

Dekadenz und Perfektion

Die Bedingungen, die ich bisher genannt habe, bestimmen nur die Übergangslinie, an der der Roman beginnt, und legen sozusagen den Meeresspiegel auf seinem Kontinent fest. Darüber erheben sich andere Bedingungen, die dem Werk eine größere oder geringere Höhe verleihen.

Die Details der Erzählung, die die Textur des Romankörpers ausmachen, können von sehr unterschiedlicher Qualität sein. Sie können aktuelle, triviale Beobachtungen sein, wie sie der gute Bürger in seinem Leben üblicherweise macht. Oder sie können Hinweise auf die verborgensten Tiefen sein, die man nur findet, wenn man ganz nach unten in den Abgrund des Lebens taucht. Die Qualität der Details entscheidet über den Rang des Buches. Der große Romanautor verachtet stets den Vordergrund seiner Figuren und kehrt, nachdem er in jede einzelne von ihnen eingetaucht ist, mit

Perlen in der Faust aus den Tiefen zurück. Aber gerade deshalb wird der durchschnittliche Leser ihn nicht verstehen.

In den Anfängen der Entwicklung dieser Gattung unterschieden sich gute und schlechte Romane nicht sehr voneinander. Da nichts festgelegt war, musste man mit dem Offensichtlichen und Allerersten beginnen. Heute, in der Stunde ihres Niedergangs, sind gute und schlechte Romane sehr viel differenzierter. Es ist also eine ausgezeichnete, wenn auch äußerst herausfordernde Gelegenheit, das perfekte Werk zu schaffen. Denn es wäre ein Fehler, den nur ein leichtfertiger Geist begehen kann, sich die Situation des Niedergangs als in jeder Hinsicht ungünstig vorzustellen. Vielmehr war es schon immer so, dass die größten Werke in der Zeit des Niedergangs entstehen, wenn die allmählich gesammelte Erfahrung die schöpferischen Nerven bis zum Äußersten verfeinert hat. Der Verfall einer Gattung, wie auch der eines Geschlechts, betrifft nur den Durchschnitt der Werke und Menschen.

Dies ist einer der Gründe, warum ich die unmittelbare Zukunft der Künste wie auch der allgemeinen Politik — mit Ausnahme der Wissenschaft und der Philosophie — eher pessimistisch einschätze und der Auffassung bin, dass der Roman einen der wenigen Bereiche ausmacht, der noch außergewöhnliche Früchte tragen kann, die vielleicht noch köstlicher sind als alle früheren Ernten. Als korrekte Gattungsproduktion, als ausbeutbare Mine, ist der Roman vielleicht abgeschlossen. Die großen, dicht unter der Oberfläche liegenden Adern, die allen Bemühungen offenstehen, sind erschöpft. Aber es bleiben die geheimen Schichten, die gewagten Erkundungen in der Tiefe, wo vielleicht die besten Kristalle liegen. Aber das ist eine Aufgabe, die nur den ausgewählten Geister vorbehalten ist.

Die letzte Vollkommenheit, welche fast immer eine Vollkommenheit der letzten Stunde ist, fehlt dem Roman noch. Weder seine Form noch seine Struktur noch sein Stoff haben bisher die endgültige Destillation erfahren. Aber was den Stoff anbelangt, sehe ich folgenden Grund zum Optimismus.

Der Stoff des Romans ist eigentlich eine imaginäre Psychologie.

Diese entwickelt sich zusammen mit ihren beiden Schwestern, der wissenschaftlichen Psychologie und der psychologischen Intuition, die wir im Alltag nutzen. Nun hat vielleicht nichts in den letzten fünfzig Jahren in Europa so große Fortschritte gemacht wie die Kenntnis der Seele. Zum ersten Mal gibt es eine psychologische Wissenschaft, die zwar erst in den Kinderschuhen steckt, die aber in früheren Zeiten noch gänzlich unbekannt war. Und mit ihr eine verfeinerte Sensibilität für die Erkennung unseres Gegenübers und für die Anatomie unserer eigenen Intimität. So viel psychologische Weisheit ist in den zeitgenössischen Geist gepflanzt, sei es in wissenschaftlicher oder spontaner Form, dass der gegen wärtige Misserfolg des Romans größtenteils darauf zurückzuführen ist. Autoren, die gestern noch ausgezeichnet schienen, wirken heute kindisch, weil der Leser selbst ein Psychologe ist, und zwar einer, der dem Autor überlegen ist. (Wer weiß, ob die politische Unruhe in Europa, die meines Erachtens noch viel grundlegender und schwerwiegender ist, als es den Anschein hat, nicht auf dieselbe Ursache zurückzuführen ist? Wer weiß, ob die modernen Staaten nicht nur in Zuständen großer psychologischer Unbeholfenheit der Bürger möglich sind?)

Ein weiteres damit verbundenes Phänomen ist die Unzufriedenheit, die wir bei der Lektüre von Klassikern empfinden. Die von ihnen angewandte Psychologie erscheint uns unzureichend und unscharf, nicht im Gleichgewicht mit unserem offensichtlich verfeinerten Appetit.[28]

Wie kann es sein, dass dieser psychologische Fortschritt nicht zugunsten des Romans und der Geschichte genutzt wird? Die Menschheit hat ihre Sehnsüchte immer dann befriedigt, wenn sie klar und konkret waren. Es lässt sich ohne allzu großes Risiko vorhersagen, dass die stärksten intellektuellen Emotionen, die uns die nahe Zukunft bescheren wird, neben der Philosophie von der Geschichte und dem Roman ausgehen werden.

Imaginäre Psychologie

Diese Gedanken zum Roman sind so entschlossen immer fortzufahren, dass es an der Zeit ist, ihnen ein gewaltsames Ende zu setzen. Ein weiterer Schritt wäre fatal. Denn bis zu diesem Punkt wurden sie in einer solchen Allgemeinheit gehalten, dass sie sich jeder Kasuistik entziehen. Und es ist so, dass in der Ästhetik wie in der Moral die allgemeinen Prinzipien nur das Raster sind, das im Hinblick auf die Kasuistik, das heißt auf die konkretere Analyse, angelegt wird. Wo diese anfängt, beginnt der verführerischste Teil der Frage, aber gleichzeitig wird der Fuß auf grenzenlosen Boden gesetzt. Es ist daher ratsam, den letzten Moment der Vernunft zu ergreifen und aufzuhören.

Ich möchte jedoch noch eine letzte Anmerkung zu diesen Vorschlägen machen.

28 Zu dieser geschichtlichen Frage siehe mein jüngstes Buch *Las Atlántidas*.

Ich habe gesagt, dass der Stoff des Romans vor allem eine imaginäre Psychologie darstellt. Es ist nicht einfach, in wenigen Worten vollständig zu klären, was das bedeutet. Es wird allgemein angenommen, dass die Psychologie ausschließlich den Gesetzen der Tatsachen folgt, wie denen der Experimentalphysik, und dass daher nur existierende Seelen in ihren realen Prozessen beobachtet und nachgezeichnet werden können. Es wäre also nicht möglich, sich eine psychische Welt vorzustellen, Geister zu erfinden, wie man sich geometrische Körper vorstellt und erfindet. Und doch beruht das Vergnügen, Romane zu lesen, auf dem Gegenteil.

Wenn der Schriftsteller einen psychologischen Prozess darlegt, erwartet er nicht, dass wir ihn als eine Reihe von Tatsachen akzeptieren — wer könnte seine Realität denn garantieren? —, sondern er greift auf eine Beweiskraft in uns zurück, die derjenigen, die die Mathematik ermöglicht, sehr ähnlich ist. Und man kann nicht sagen, dass uns der beschriebene Prozess gerade dann gut erscheint, wenn er mit den Fällen unserer Lebenserfahrung übereinstimmt. Gut wäre es, wenn sich der Romanautor an die Zufälligkeit der Erfahrungen halten würde, die er oder der andere Leser gesammelt hat.

Wir haben bereits darauf hingewiesen, dass eine der besonderen Anziehungskräfte von Dostojewski in der Exotik seiner Figuren liegt. Einem Leser aus Sevilla scheint es nicht leicht zu fallen, jemals Menschen zu begegnen, deren Seelen so chaotisch und turbulent sind wie die der Karamasows, und dennoch, wie sensibel er auch sein mag, erscheint ihm der psychische Mechanismus dieser Seelen so überzeugend, so offensichtlich wie die Funktionsweise einer geometrischen Demonstration, in der man von nie zuvor gesehenen Myriagonen spricht.

In der Psychologie wie in der Mathematik gibt es in der Tat Beweise a priori, und sie ermöglichen in beiden Disziplinen die imaginäre Konstruktion. Wo nur die realen Tatsachen ein Gesetz kennen und es kein Gesetz innerhalb der Vorstellungskraft gibt, ist eine Konstruktion unmöglich. Es wäre eine reine und unbegrenzte Willkür, in der nichts einen Grund zu sein hätte.

Die Unkenntnis darüber führt zu der ungeschickten Annahme, dass die Psychologie des Romans dieselbe ist wie die der Realität und dass der Autor daher nicht mehr tun kann, als sie zu reproduzieren. Ein solch plumpes Denken wird oft als Realismus bezeichnet. Es liegt mir fern, über diesen verworrenen Begriff zu diskutieren, den ich immer versucht habe, als verdächtig zu kennzeichnen, indem ich ihn in Anführungszeichen gesetzt habe. Aber niemand wird an seiner Unzulänglichkeit zweifeln, sobald sichtbar wird, dass er auf die Werke nicht anwendbar ist, aus denen er entnommen wurde. Die Figuren in diesen Werken sind fast immer so verschieden von denen, denen wir in unserer eigenen Umgebung begegnen, dass sie, selbst wenn sie tatsächlich existierende Wesen wären, vom Leser nicht als solche betrachtet werden könnten. Die Seelen des Romans müssen nicht unbedingt gleich den realen sein; es reicht, dass sie möglich sind. Und diese Psychologie der möglichen Geister, die ich imaginär genannt habe, ist die einzige, die in dieser Literaturgattung zählt. Dass der Roman darüber hinaus versucht, eine psychologische Interpretation von gesellschaftlichen Typen und Kreisen zu geben, ist eine zusätzliche Würze des Werks, aber nichts Wesentliches. (Einer der Punkte, die ich unberührt gelassen habe, war zu zeigen, dass der Roman die literarische Gattung ist, die am meisten nicht-künstlerische Elemente enthalten kann. Im Roman ist Platz für fast alles:

Wissenschaft, Religion, Moralpredigt, Soziologie, ästhetische Bewertungen — solange all dies am Ende verzerrt bleibt und im Umfang des Romans enthalten bleibt, ohne eine ausführende und letztendliche Gültigkeit zu erlangen. Mit anderen Worten: Ein Roman kann so viel Soziologie enthalten, wie er will, aber der Roman selbst kann nicht soziologisch sein. Die Dosis an fremden Elementen, die das Buch ertragen kann, hängt letztlich von der Fähigkeit des Autors ab, sie in der Atmosphäre des Romans als solchem aufzulösen. Die Frage gehört, wie man sieht, schon zur Kasuistik und ich scheue sie deshalb).

Die Möglichkeit, eine spirituelle Fauna aufzubauen, ist vielleicht die größte Quelle, die den zukünftigen Roman speisen kann. Alles führt dazu. Das Interesse am äußeren Mechanismus der Handlung wird heute zwangsweise auf ein Minimum reduziert. Umso besser ist es, den Roman auf das höhere Interesse zu konzentrieren, das von den inneren Mechanismen der Figuren ausgehen kann. Nicht in der Erfindung von »Handlungen«, sondern in der Erfindung interessanter Seelen sehe ich die größte Zukunft für den Roman als Literaturgattung.

Envoi

Dies sind die Gedanken über den Roman, die ich aufgrund einer Anspielung von Baroja formuliert habe. Ich wiederhole, dass ich nicht die Absicht habe, diejenigen zu belehren, die mehr über diese Themen wissen als ich. Es ist möglich, dass das, was ich gesagt habe, ein reiner Irrtum gewesen ist. Das spielt keine Rolle, wenn es einigen jungen Schriftstellern, die sich ernsthaft mit ihrer Kunst befassen, als Anregung gedient hat, den Mut aufzubringen, die schwierigen und unterirdischen Möglichkeiten zu erkunden, die der alten Bestimmung des Romans noch bleiben.

Aber ich bezweifle, dass sie die Spur solcher geheimen und tiefen Adern finden werden, wenn sie nicht, bevor sie mit dem Schreiben ihres Romans loslegen, eine lange Zeit des Grauens empfinden. Man kann nichts von denen erwarten, die den Ernst der Stunde nicht erkannt haben, der heute über diese Gattung hereinbricht.

Die Kunst im Präsens und Präteritum

I

Die *Exposición de Artistas Ibéricos* kann, wenn sie mit Entschlossenheit wiederholt wird, alle Entmutigungen überwindet und Jahr für Jahr mit einer gewissen astronomischen Beharrlichkeit erneut stattfindet, von großer Bedeutung für die Kunst unserer Halbinsel sein. Die gegenwärtige scheint mir ziemlich talent- und stillos zu sein, abgesehen von den erfahrenen Künstlern, die ihr schon bekanntes Werk dem Repertoire der neuen Maler hinzugefügt haben. Aber die Unzulänglichkeit dieser ersten Ernte beweist die Notwendigkeit, die Ausstellung der neuen Werke mit tugendhafter Beständigkeit zu wiederholen. Bislang führte die unkonventionelle Malerei ein private und akademische Existenz. Die Künstler fanden sich ohne Publikum und isoliert von der großen Masse der traditionellen Stilrichtungen. Jetzt, als Gruppe, können sie mehr Vertrauen in ihre Absichten haben und sich gleichzeitig gegenseitig konfrontieren, sich vor ihren eigenen Klischees fürchten und den Fokus ihrer individuellen Absichten schärfen. Gleichzeitig kann das Publikum sein Empfangsorgan dem »Fall« der heutigen Kunst anpassen und wird sich nach und nach der dramatischen Situation bewusst, in der sich die Musen befinden.

Schritt für Schritt — alles auf einmal ist unmöglich. Die Situation ist so schwierig und paradox, dass es ungerecht wäre, von den Menschen ein plötzliches Verständnis zu verlangen. Streng genommen müsste man sie durch eine Formel definieren, die wegen ihrer Paradoxie äußerst ermüdend wäre. Man müsste mehr oder weniger sagen: Die heutige Kunst besteht darin, dass es keine Kunst gibt, und es ist unausweichlich, von dieser Überzeugung auszugehen, wenn man heute noch authentische Kunst schaffen und genießen will. Sobald diese Formel entwickelt ist, wie die Mathematiker sagen, wird sie immer klarer und verliert ihren unerträglichen Charakter. Fast alle Epochen konnten einen künstlerischen Stil finden, der ihrem Empfinden entsprach und daher aktuell war, indem sie auf die eine oder andere Weise die Kunst der Vergangenheit fortführten. Eine solche Situation war doppelt vorteilhaft. Erstens hat die traditionelle Kunst der neuen Generation unmissverständlich klargemacht, was zu tun ist. Diese Facette, die in den vorangegangenen Stilen nicht betont oder ausgefüllt worden war, wurde den Neulingen zur Nutzung geboten. An ihr zu arbeiten bedeutete, den gesamten Hintergrund der traditionellen Kunst zu bewahren. Es war eine Evolution, eine Modifikation, bei der die Tradition in ihrem Kern unverändert blieb. Das Neue und Aktuelle war zumindest in ihren Ansprüchen vollkommen klar und hielt gleichzeitig den Kontakt mit den Formen der Vergangenheit lebendig. Es waren glückliche Zeiten, in denen es nicht nur ein offensichtliches Prinzip der zeitgenössischen Kunst gab, sondern auch die gesamte Kunst der Vergangenheit, oder große Teile davon, ausreichend aktuell wirkten. So war vor dreißig Jahren bei Manet eine Fülle von Gegenwärtigem vorhanden; aber gleichzeitig nahm Manet Velázquez wieder auf und verlieh ihm dadurch einen gewissen zeitgenössischen Anstrich.

Heute ist die Situation genau umgekehrt. Wenn jemand nach einem Besuch in den Hallen der *Exposición de Artistas Ibéricos* sagen würde: »Das ist nichts. Hier gibt es keine Kunst«, würde ich mich nicht scheuen zu antworten: »Sie haben Recht. Das ist wenig mehr als nichts. Das ist noch keine Kunst. Aber möchten Sie mir sagen, was man besser machen sollte? Wenn Sie fünfundzwanzig

Jahre alt wären und ein Dutzend Pinsel in der Hand hätten, was würden Sie tun?« Wenn der Gesprächspartner aufmerksam ist, kann er nur auf zwei Arten antworten: Entweder er schlägt die Nachahmung eines alten Malstils vor — was voraussetzt, dass er die Nichtexistenz eines möglichen aktuellen Stils anerkennt — oder er präsentiert ein Gemälde, ein einziges Gemälde, das zwar Erbe der Tradition ist, aber ein neues Bildmotiv andeutet und auf eine noch intakte Ecke in der Topographie der gebräuchlichen Kunst hinweist. Solange letzteres nicht geschieht, ist die These derjenigen, die der Meinung sind, dass die künstlerische Tradition alle ihre Möglichkeiten ausgeschöpft hat und es notwendig ist, nach einer anderen Form der Kunst zu suchen, unwiderlegbar. Diese Suche ist die Aufgabe der jungen Künstler, die noch keine Kunst haben, sondern nur die Intention dazu. Deshalb habe ich vorhin gesagt, dass die beste Kunst der Gegenwart darin besteht, keine Kunst zu haben, denn das, was heute versucht, ein vollwertiges und erfolgreiches Kunstwerk zu sein, ist in Wahrheit oft das größtmögliche Gegenteil von Kunst: die Wiederholung der Vergangenheit.

Manche sind bereit zuzugeben, dass es keine richtige zeitgenössische Kunst gibt, aber sie fügen hinzu, dass es die Kunst der Vergangenheit gibt, mit der wir unseren ästhetischen Appetit befriedigen können. Dieser Ansicht kann ich mich nicht ohne Bedenken anschließen. Ich glaube nicht, dass es eine Kunst der Vergangenheit geben kann, wenn es keine Kunst der Gegenwart gibt, die durch eine positive Verbindung mit ihr zusammenhängt. Was in anderen Epochen den Geschmack an der vergangenen Malerei am Leben hielt, war gerade der neue Stil, der aus ihr abgeleitet wurde und ihr eine neue Bedeutung verlieh, wie im Fall von Manet-Velázquez. Das heißt, die Kunst der Vergangenheit ist dann Kunst im vollen Sinne des Wortes, wenn sie immer noch gegenwärtig und fruchtbar ist und Innovationen ermöglicht. Wenn sie tatsächlich zur bloßen Vergangenheit wird, verliert sie ihre rein ästhetische Wirksamkeit und weckt Emotionen archäologischer Art. Diese sind ohne Zweifel eine Quelle großer Fruchtbarkeit, aber sie können nicht mit dem ästhetischen Genuss selbst verwechselt werden oder ihn ersetzen. Die Kunst der Vergangenheit »ist« keine Kunst; sie »war« Kunst.

Daraus folgt, dass der Mangel an Begeisterung für die traditionelle Malerei, welcher für die jungen Leute von heute kennzeichnend ist, nicht aus einer willkürlichen Verachtung heraus entstanden ist. Da es heutzutage keine Kunst mehr gibt, die ein Erbe der Tradition darstellt, fließt kein Blut aus den Adern der Gegenwart, um die Vergangenheit zu beleben und sie zu uns zu bringen. Die Vergangenheit ist somit auf sich selbst reduziert, erschöpft, vergangen, tot. Velázquez ist ein archäologisches Wunder. Ich habe große Zweifel daran, dass jemand, der in der Lage ist, seine eigenen geistigen Zustände zu analysieren, den Unterschied zwischen seiner — berechtigten — Begeisterung für Velázquez und seiner rein ästhetischen Begeisterung nicht bemerken würde. Kleopatra ist eine attraktive, verführerische Figur, die aus einer vagen Ferne auftaucht; aber wer würde seine »Liebe« zu Kleopatra mit seiner »Liebe« zu irgendeiner Frau heute verwechseln? Unsere Beziehung zur Vergangenheit ist unserer Beziehung zur Gegenwart sehr ähnlich, außer dass sie gespenstisch ist; daher ist nichts in ihr wirksam: Weder Liebe noch Hass, weder Freude noch Schmerz.

Ich kann gut verstehen, dass sich das breite Publikum nicht für die Werke der neuen Maler interessiert, und diese Ausstellung sollte sich auch nicht an dieses richten, sondern nur an diejenigen, für die das Kunstschaffen ein lebendiges Problem und keine

Lösung darstellt, ein notwendiger Sport und kein passives Vergnügen. Nur sie können sich für das interessieren, was eigentlich noch keine Kunst ist, sondern eine Bewegung zu ihr hin, eine mühsame Einarbeitung, ein Versuch im Labor, eine Übung in der Werkstatt. Ich glaube auch nicht, dass die Künstler von heute glauben, dass ihr Werk etwas anderes ist. Wer glaubt, dass der Kubismus für unsere Zeit das bedeutet, was der Impressionismus, Velázquez, Rembrandt, die Renaissance usw. für seine Zeit bedeuteten, begeht meiner Meinung nach einen groben Fehler. Der Kubismus ist nur eine Erprobung der malerischen Möglichkeiten einer Epoche, die über keine vollständige Kunst verfügt. Deshalb ist es so bezeichnend für diese Zeit, dass mehr Theorien und Programme produziert werden als Werke.

Dies zu produzieren — Theorien, Programme und kubistische oder andere Grotesken — ist allerdings das Beste, was man jetzt tun kann. Und von allen Haltungen, die man einnehmen kann, ist die tiefgründigste und empfehlenswerteste die Fügsamkeit gegenüber dem Gebot der Zeit. Die andere bestünde darin, dass der Mensch jederzeit tun kann, was er will, was ich für leichtfertig und für ein großes Symptom der Kindlichkeit halte. Kinder glauben, aus unendlich vielen Möglichkeiten wählen zu können: Sie maßen sich vor allem an, das Beste wählen zu können, und träumen davon, Sultan, Bischof oder Kaiser zu werden. So gibt es heute eine Vielzahl kindischer Wesen, die »Klassiker sein wollen«, und nicht weniger. Ich bin nicht sicher, ob sie damit meinen, einen alten Stil nachahmen zu wollen, was mir zu wenig wäre, oder, was wahrscheinlicher ist, ob sie die Klassiker der Nachwelt sein wollen, was mir zu viel wäre. Klassiker sein zu »wollen« ist ungefähr so, als wolle man in den Dreißigjährigen Krieg ziehen.

Das eine und das andere sind Standpunkte, die von denen eingenommen werden, die gerne Standpunkte einnehmen, und sie führen nur zu Unbehagen, weil die Fakten sich ihnen nicht unterwerfen. Es ist schwierig, sich den eigenen Standpunkt einzurichten, ohne zunächst die dramatische Natur der gegenwärtigen Situation anzuerkennen, die darin besteht, dass es keine zeitgenössische Kunst gibt und dass die große Kunst der Vergangenheit zur Geschichte geworden ist.

Im Grunde ist es dasselbe wie in der Politik. Die traditionellen Einrichtungen haben ihre Bedeutung verloren und genießen keinen Respekt und keine Begeisterung mehr, ohne dass es ein Ideal anderer möglicher Einrichtungen gäbe, das die überlebenden zu Fall bringen würde.

Das ist bedauerlich, beunruhigend und traurig. Aber man kann sagen, was man will, es hat auch einen Vorteil: Es ist die Realität. Und sie zu definieren, ist die einzige Aufgabe, die vom Schriftsteller verlangt werden kann. Der Rest ist nur Lob und setzt voraus, dass diese erste Aufgabe erfüllt ist.

Aber man sagt auch, dass die künstlerische Vergangenheit nicht vergeht, dass die Kunst ewig ist... Ja, das könnte man sagen, aber...

II

Es wird oft von der Ewigkeit des Kunstwerkes geredet. Wenn damit gemeint wäre, dass das Schaffen und Genießen eines Kunstwerkes den Anspruch beinhaltet, dass sein Wert ewig sein soll, wäre dagegen nichts einzuwenden. Tatsache ist aber, dass das Kunstwerk eher als ästhetischer Wert veraltet und vergeht denn als materielle Realität. Es ist dasselbe wie in der Liebe. Jede Liebe schwört sich zu einem bestimmten Zeitpunkt ihre eigene Ewigkeit. Aber dieser Augenblick vergeht mit seiner angestrebten Ewigkeit; wir sehen ihn in den Strom der Zeit stürzen, seine mit ihm Schiffbruch erleidenden Hände umherschwenken und ihn in der Vergangenheit ertrinken. Denn das ist das, was die Vergangenheit ist: ein Schiffbruch, ein Sturz in die Tiefe. Die Chinesen nennen den Akt des Sterbens »zum Fluss laufen«. Die Gegenwart ist ein Lichtstrahl ohne Ausdehnung. Die Tiefe ist die Vergangenheit, die aus zahllosen Gegenwarten besteht, übereinander gestapelt. Zärtlich nannten die Griechen den Akt des Sterbens: »Mit den anderen gehen«.

Wenn ein Kunstwerk, zum Beispiel ein Gemälde, nur aus dem bestünde, was die Leinwand zeigt, dann wäre es möglich, dass es ewig würde, auch wenn seine materielle Haltbarkeit nicht gesichert wäre. Aber so ist es nicht: Das Gemälde endet nicht mit seinem Rahmen. Man kann sogar sagen: Vom gesamten Organismus eines Gemäldes befindet sich nur ein kleiner Teil auf der Leinwand. Und dasselbe könnte man auch von einem Gedicht behaupten.

Es ist nicht sofort klar, wie es wesentliche Teile eines Gemäldes außerhalb des Gemäldes geben kann. Und doch ist dies der Fall, denn jedes Gemälde wird auf der Grundlage einer Reihe von Konventionen und Annahmen gemalt, die als selbstverständlich vorausgesetzt werden. Der Maler überträgt nicht alles auf die Leinwand, was in ihm zu ihrer Entstehung beigetragen hat, sondern vielmehr eliminiert er die grundlegendsten Dinge, nämlich die Ideen, Vorlieben, ästhetischen und kosmischen Überzeugungen, auf denen die Individualität dieses Bildes im Allgemeinen aufbaut. Mit dem Pinsel hält er genau das fest, was seinen Zeitgenossen nicht »das Bekannte« ist. Den Rest löscht er aus oder weist zumindest nicht nachdrücklich darauf hin.

Genauso verzichten wir in einem Gespräch darauf, all die elementaren Annahmen mitzuteilen, die dem, was wir sagen, erst einen Sinn geben. Wir bringen nur das zum Ausdruck, was relativ neu ist, was differenziell ist, und gehen davon aus, dass der Rest von den Zuhörern automatisch verstanden wird.

Doch diese Konvention, das heißt das System von Annahmen, das in jeder Epoche in Kraft ist, ändert sich mit der Zeit. Bereits in den drei Generationen, die innerhalb eines historischen Zeitpunkts koexistieren, variiert dieses System von Annahmen ziemlich stark. Die Alten fangen an, die Jungen misszuverstehen, und umgekehrt. Es ist höchst merkwürdig, dass das, was für die einen unverständlich ist, für die anderen gerade am offensichtlichsten ist. Ein alter Liberaler kann sich nicht vorstellen, dass junge Menschen ohne Freiheit leben können, und er ist besonders überrascht, dass sie sich nicht gezwungen fühlen, ihren Illiberalismus zu begründen. Gleichzeitig versteht der junge Mann die extravagante Begeisterung des alten Mannes für das liberale Prinzip nicht, das ihm eine schöne und sogar wünschenswerte Sache zu sein scheint, aber nicht in der Lage, irgendeine Leidenschaft zu wecken, so wie eine pythagoreischen Tabelle oder ein Impfstoff. Streng genommen hat der Liberale keinen Grund, liberal zu sein, so wie der andere keinen Grund hat, nicht liberal zu sein. Nichts Tiefgründiges und Offensichtliches wird aus Gründen geboren oder lebt von Gründen. Wir begründen, was zweifelhaft ist, was wahrscheinlich ist, was wir nicht ganz glauben.

Je tiefer und elementarer ein Bestandteil unserer Überzeugung ist, desto weniger kümmern wir uns um ihn, und streng genommen nehmen wir ihn nicht einmal wahr. Wir leben von ihm, er ist die Grundlage all unseres Handelns und Denkens. Aus demselben Grund ist er außerhalb von uns, so wie der Zentimeter Erde, auf dem wir gehen, der einzige ist, den wir nicht sehen und den der Landschaftsmaler nicht auf die Leinwand übertragen kann.

Die Existenz dieses geistigen Bodens und Untergrundes unter dem Kunstwerk offenbart sich gerade dann, wenn wir vor einem Gemälde stehen und ratlos sind, weil wir es nicht verstehen. Vor dreißig Jahren war dies bei den Gemälden von El Greco der Fall. Sie standen wie eine Küste aus senkrechten Klippen, die man nicht hinabsteigen konnte. Zwischen ihnen und dem Betrachter schien ein Abgrund zu liegen, und doch stand das Bild dem Blick genauso weit offen wie jedes andere Bild. Dann erkannte man, dass dahinter, unausgesprochen, unterirdisch, die Annahmen lagen, von denen aus El Greco malte.

Aber das, was bei El Greco einen extremen Charakter angenommen hat — das Werk von El Greco hat in der Tat eine teratologische Dimension — gilt für alle Werke der Vergangenheit. Und nur wer nicht über eine verfeinerte Sensibilität verfügt, nur wer sich der Dinge nicht bewusst ist, glaubt, ohne besondere Anstrengung eine antike Schöpfung zu wahrzunehmen. Die mühsame

Aufgabe des Historikers, des Philologen, besteht nämlich darin, das latente System von Annahmen und Überzeugungen zu rekonstruieren, aus dem die Werke anderer Zeiten hervorgegangen sind.

Es ist also keine Frage des Geschmacks, die uns dazu bringt, alle Kunst der Vergangenheit von der Kunst im heutigen Sinne zu unterscheiden. Es handelt sich um zwei Dinge und zwei Gefühle, die auf den ersten Blick identisch zu sein scheinen, die sich aber bei näherer Betrachtung für jeden, der über ein geschärftes Urteilsvermögen verfügt, als völlig unterschiedlich erweisen. Die Befriedigung an der antiken Kunst ist nicht direkt, sondern eher ironisch; wir stellen zwischen das alte Gemälde und uns selbst das Leben des Zeitalters, in dem es entstanden ist, den Zeitgenossen, der es geschaffen hat. Wir gehen von unseren eigenen Annahmen zu denen der anderen über und geben vor, eine fremde Persönlichkeit zu verkörpern, durch die wir die alte Schönheit genießen. Diese doppelte Persönlichkeit ist kennzeichnend für jede ironische Geisteshaltung. Und wenn wir diese archäologische Befriedigung etwas genauer untersuchen, werden wir feststellen, dass es nicht das Werk selbst ist, das wir kosten, sondern das Leben, in dem es entstanden ist und für das es ein Symptom ist, oder, genauer gesagt, das von seiner vitalen Atmosphäre umhüllte Werk. Dies scheint ganz klar zu sein, wenn es sich um ein primitives Gemälde handelt. Schon der Name »primitiv« zeigt die ironische Zärtlichkeit, die wir für die Seele des Autors empfinden, die weniger komplex ist als unsere eigene. Es macht uns Freude, diese einfachere Existenzform zu genießen, die mit einem Blick leichter zu erfassen ist als unser eigenes Leben, das so groß, so unbezwingbar ist, dass es uns überflutet und herunterzieht, dass es uns beherrscht, anstatt dass wir es beherrschen. Der psychische Prozess ist ähnlich wie wenn wir ein Kind betrachten. Auch das Kind ist kein gegenwärtiges Wesen: Das Kind ist die Zukunft. Es besteht also kein direkter Kontakt zu ihm; wir werden jedoch automatisch ein wenig kindisch, und zwar in dem Maße, dass wir dazu neigen, seine Sprache und sein Geplapper lächerlich und unwillkürlich zu imitieren, und sogar unsere Stimme durch unbewusste Nachahmung zu verzerren.

Es ist nicht ausreichend, dem oben Gesagten die Bemerkung entgegenzusetzen, dass es in der antiken Malerei plastische Werte gibt, die sich der Zeitlichkeit entziehen und als aktuelle Qualitäten genossen werden können. Es ist merkwürdig, dass manche Künstler und Amateure entschlossen sind, einen Teil des Gemäldes ausschließlich für die Netzhaut zu reservieren und sie von ihrer Verwicklung mit dem Geist, mit dem, was sie Literatur oder Philosophie nennen, zu befreien!

Und in der Tat sind Literatur und Philosophie etwas ganz anderes als die bildenden Künste; doch alle drei sind unweigerlich Geist und unterliegen den Komplikationen der letzteren. Es ist also vergeblich, zu versuchen, die Dinge im Maße der eigenen Einfachheit simpler und überschaubarer zu machen. Es gibt keine reine Netzhaut, keine absoluten plastischen Werte. Sie alle gehören zu einem Stil, sie sind relativ zu ihm, und ein Stil ist die Frucht eines Systems lebendiger Konventionen. Aber in jedem Fall sind diese Werte von vermeintlich aktueller Relevanz kleine Anteile des früheren Schaffens, die wir gewaltsam vom Rest abtrennen, um sie allein zu bestätigen und alles andere zu ignorieren. Es wäre interessant, mit einer gewissen Aufrichtigkeit das an dem Gemälde zu betonen, was einem als intakte und überlebende Schönheit erscheint. Das Wenige, das übrig bliebe, würde in so starkem Kontrast zum

Ruhm des Werks stehen, dass es unmöglich wäre, nicht mit mir übereinzustimmen.

Wenn es etwas wert ist, in unserer rauen und unsicheren Zeit geboren zu sein, dann gerade deshalb, weil Europa beginnt, ohne Floskeln leben zu wollen bzw. nicht mehr von Floskeln zu leben. Die Idee von der ewigen Kunst und die Listen der hundert besten Bücher, der hundert besten Gemälde usw. sind Dinge aus der guten alten Zeit, als die Bourgeoisie es für ihre Pflicht hielt, sich mit Kunst und Literatur zu beschäftigen. Jetzt, da klar wird, inwieweit die Kunst keine »ernste« Sache ist, sondern eher ein schönes Spiel ohne Pathos und Feierlichkeit, dem sich nur wahre Liebhaber widmen sollten, die sich an ihren Wechselfällen und überflüssigen Schwierigkeiten erfreuen und sich der sauberen Einhaltung ihrer Regeln unterwerfen; jetzt kann die alte Leier, dass die Kunst ewig sei, weder überzeugen noch etwas klären. Die Ewigkeit der Kunst ist kein festes Urteil, an das wir uns halten müssen; sie ist ganz einfach ein sehr subtiles Problem. Mögen die Priester, die sich der Existenz ihrer Götter nicht ganz sicher sind, sie in den furchtbaren Nebel großer pathetischer Epitheta hüllen. Die Kunst braucht nichts von alledem, sondern Mittagszeit, klares Wetter, klare Konversation, Präzision und ein wenig gute Laune.

Das Wort »Kunst« muss konjugiert werden. Im Präsens bedeutet es das eine, im Präteritum etwas ganz anderes. Es geht nicht darum, der vergangenen Kunst irgendeine ihrer Anmutungen abzusprechen. Sie sind vollständig erhalten, doch existiert die vergangene Kunst mit ihnen allen in einer gespensterhaften Dimension ohne unmittelbaren Kontakt zu unserem Leben, das heißt, sie befindet sich virtualisiert, gleichsam in Klammern gesetzt. Und wenn uns dies auf den ersten Blick als ein erlittener Verlust erscheint, so liegt das daran, dass wir den riesigen Gewinn noch nicht erkennen, den wir gleichzeitig erlangen. Dieselbe Geste, mit der wir die Kunst der Vergangenheit aus unserer Gegenwart entfernen, lässt sie als Vergangenheit wieder aufleben. Statt einer einzigen Dimension, in der das Leben dahingleitet — die Gegenwart —, haben wir nun zwei fein säuberlich unterschiedene Dimensionen, nicht nur in der Idee, sondern auch im Gefühl. Das menschliche Vergnügen wird durch die Reifung des historischen Empfindens enorm erweitert. Solange man glaubte, dass Vergangenheit und Gegenwart identisch sind, war die Landschaft ziemlich eintönig. Jetzt nimmt das Dasein eine ungeheure Vielfalt von Ebenen an, es wird tiefgründig, mit weiten Perspektiven, und jede vergangene Zeit bedeutet ein neues Abenteuer. Voraussetzung dafür ist, dass wir in die Ferne blicken können, ohne kurzsichtig zu sein, ohne die Gegenwart mit der Vergangenheit zu verunreinigen. Zu der rein ästhetischen Sinnlichkeit, die nur in der Realität funktionieren kann, gesellt sich heute die grandiose historische Sinnlichkeit, die ihr Brautgemach in allen Schlenkern der Chronologie findet. Das ist die wahre *volupté nouvelle*, die der arme Pierre Louÿs in seiner Jugend gesucht hat.

Es ist daher nicht nötig, sich über all das zu ärgern, sondern vielmehr müssen wir unseren Kopf ein wenig erweitern, um ihn an die Tragweite der Fragestellung anzupassen. Es ist eine Illusion, zu glauben, dass die künstlerische Situation von heute oder irgendeiner Epoche nur von ästhetischen Faktoren abhängt. In die Liebe und den Hass zur Kunst sind alle anderen geistigen Bedingungen der Zeit involviert. So trägt zu unserer neuen Distanz zur Vergangenheit die volle Entfaltung eines Geschichtsbewusstseins bei, das in Bereichen der Seele aufkeimt, die nichts mit der Kunst zu tun haben.

Wir betrachten nur den Teil des Berges, der sich über den Meeresspiegel erhebt, und vergessen, dass sich unter ihm noch viel mehr Land angesammelt hat. So zeigt das Gemälde nur den Teil von sich selbst, der sich über das Niveau der Konventionen seiner Zeit erhebt. Es zeigt nur sein Gesicht: Sein Körper ist im Strom der Zeit untergetaucht, der ihn schwindelerregend ins Nichtsein reißt.

Es handelt sich also nicht um eine Frage des Geschmacks. Wer Velázquez nicht als Anachronismus empfindet, wer sich nicht an ihm erfreut, eben weil er ein Anachronismus ist, ist zu ästhetischen Betrachtungen nicht fähig. Damit möchte ich nicht sagen, dass der geistige Abstand zwischen den alten Künstlern und uns immer derselbe ist. Velázquez ist vielleicht einer der am wenigsten archäologischen Maler. Aber wenn wir nach den Gründen dafür fragen würden, sollten wir vielleicht eher von seinen Fehlern als von seinen Tugenden ausgehen.

Der Genuss, den wir aus der antiken Kunst ziehen, ist eher eine Freude des Vitalen als des Ästhetischen, während wir in der zeitgenössischen Kunst mehr das Ästhetische als das Vitale spüren.

Diese tiefe Spaltung von Vergangenheit und Gegenwart bildet eine allgemeine Tatsache unserer Zeit und den mehr oder weniger verworrenen Verdacht, der die eigenartige Befremdlichkeit unseres Lebens in diesen Jahren hervorruft. Wir haben das Gefühl, dass wir heutige Menschen plötzlich allein auf der Erde sind, dass die Toten nicht nur zum Spaß, sondern endgültig gestorben sind und uns nicht mehr helfen können. Der verbleibende Geist der Tradition hat sich verflüchtigt. Vorbilder, Normen, Richtlinien nützen uns nichts. Wir müssen unsere Probleme selbst lösen, sei es in der Kunst, in der Wissenschaft oder in der Politik, ohne die aktive Mithilfe der Vergangenheit, inmitten unserer Aktualität.

Der Europäer ist allein, ohne lebende Tote an seiner Seite; wie Peter Schlemihl hat er seinen Schatten verloren. Das passiert immer, wenn es Mittag wird.

edition schatten

Ludwig Binswanger:
Traum und Existenz. Mit einem Vorwort von Michel Foucault.
ISBN: 978-3-98731-501-5
Erschienen im März 2023.

Adolf Loos:
Ins Leere gesprochen und andere ausgewählte Schriften.
Mit einem Vorwort von Christoph Paret.
ISBN: 978-3-98731-500-8
Erschienen im März 2023.

Max Stirner:
Kleine Schriften.
Mit einem Vorwort von Wolfgang Eßbach.
ISBN: 978-3-98731-502-2
Erschienen im Oktober 2023.

György Bretter:
Parabeln. Essays über Bewusstsein, Tat und Vollendung.
Mit einem Vorwort von Franz Sz. Horváth.
ISBN: 978-3-98731-503-9
Erschienen im März 2024.